D1308232

UNIVERSITY OF SUDBURY

HOMICIDE

Available by mail free of charge from

Law Reform Commission of Canada
130 Albert St., 7th Floor
Ottawa, Canada
K1A 0L6

or

Suite 310
Place du Canada
Montréal, Québec
H3B 2N2

Law Reform Commission of Canada

Working Paper 33

HOMICIDE

1984

Notice

This Working Paper presents the views of the Commission at this time. The Commission's final views will be presented later in its Report to the Minister of Justice and Parliament, when the Commission has taken into account comments received in the meantime from the public.

The Commission would be grateful, therefore, if all comments could be sent in writing to:

Secretary
Law Reform Commission of Canada
130 Albert Street
Ottawa, Canada
K1A 0L6

Commission

Mr. Justice Allen M. Linden, President
Professor Jacques Fortin, Vice-President
Ms. Louise Lemelin, Q.C., Commissioner
Mr. Alan D. Reid, Q.C., Commissioner
Mr. Joseph Maingot, Q.C., Commissioner

Secretary

Jean Côté, B.A., B.Ph., LL.B.

Co-ordinator, Substantive Criminal Law

François Handfield, B.A., LL.L.

Principal Consultant

Patrick Fitzgerald, M.A. (Oxon.)

Table of Contents

Acknowledgements

This Working Paper on Homicide is the fruit of many years of work with contributions by many different people. That work began ten years ago, and though it is not feasible to detail individually all those who have assisted us, some contributions have been so outstanding as to merit special mention. First, a great deal of initial work in terms of consultation was done by Bernard Grenier. Second, and particularly noteworthy, a substantial paper was prepared by Don Stuart, which formed the basis for a long series of consultations conducted with judges, lawyers, police officers and others. Finally, our efforts to finalize the present Paper could not have been brought to fruition without our own process of consultation with our advisory panel of judges, with the deputy ministers of justice from the provinces, with the committee of defence lawyers from the Canadian Bar Association, with selected police chiefs and with a committee of criminal law professors. This has been inevitably a long but outstandingly valuable process, as our consultants have readily given up their time to go through our drafts with a fine-tooth comb, offering strenuous, hard-hitting and constructive criticism. We acknowledge their suggestions which frequently led to useful improvements. All the participants in this process were strongly motivated by an overall desire to produce the best possible kind of homicide law for Canada. As was to be expected, the views put forward in this paper reflect changes of mind, for example, regarding the retention of degrees of murder, resulting from such consultations. Undoubtedly too there may be further changes of mind resulting from the further feedback to this Working Paper.

Introduction

Murder and other crimes of homicide occupy a special place in our criminal law. The unique harm involved,[1] the crucial value infringed and the imposition till recently of the death penalty[2] — all these combined to make such crimes "flagship" offences dominating the entire spectrum of the criminal law.

Within the common law jurisdiction this dominance is obvious. We see it in the way that theories of criminal liability, like that of J. W. C. Turner[3] for example, advance, as being complete analyses of *mens rea*, mere generalizations of the mental element in common law murder.[4] We see it in the way that cases on criminal participation inevitably focus on use of lethal force by one party without the consent or agreement of the other.[5] And we see it in the way that defences like duress, self-defence and so on are typically explored, both academically and judicially, in cases concerning killing.[6]

The consequence — in Canada and other common law countries — has been production of copious case law, legislation and academic writing on the topic of homicide. The fruit of this has been elucidation in great detail of the law of homicide.[7] Less beneficial, however, has been the creation of technicalities resulting in complexity and obscurity of principle. This is true both of the common law and of our *Criminal Code* provisions on homicide.

Evaluation of our *Code* provisions will centre round four different aspects of the present law: (1) the arrangement of the homicide provisions, (2) the physical element in homicide, (3) the mental element in the different homicide offences, and (4) the sanction for homicide.

3

CHAPTER ONE

Arrangement of the Homicide Provisions

To understand the present arrangement one must go back not only to the original drafting of the *Criminal Code* but also to the previous common law which formed the basis for that draft. For the original draft, and therefore our present law on homicide, is largely a mere codification of the common law.

I.   Homicide in Common Law[8]

From early days (at least as far back as Williams' time) murder was quite distinct in English law from other forms of homicide. In principle, murder was killing done in secret, and all other killings were simple homicides. In practice, murder required, and other homicides did not require, presentment of Englishry to show that the victim was an Englishman, failing which he would be presumed to have been a Norman and a fine would be levied on the township where the crime occurred. The fine and the offence were both termed *murdrum*.

Although this practical distinction disappeared with the abolition in 1340 of Englishry, "murder"[9] remained a term in popular use. Most probably, says Stephen, it survived by accident to describe the worst kind of homicide rather than to draw any conceptual distinctions. As it was, murderers were punished with the same sanction as those committing other types of homicide, and all were entitled to benefit of clergy.

By this time, homicide could be divided into three categories:[10] (1) justifiable killing, for example lawful execution, which was no crime at all; (2) killing by misadventure, for instance, in self-defence, which was to some extent regarded as blameworthy and as requiring the king's pardon; and (3) killing by felony, which was (subject to the rules on benefit of clergy) punishable by death. In this categorization murder was no different from other felonious homicides.

Later, towards the end of the fourteenth century, murder came to be distinguished from manslaughter by the presence of malice aforethought.[11] At that time such had been the abuse of the royal prerogative of pardoning that the king was forced to promise that whenever a general pardon for murder was granted or pleaded, a jury should be charged to try whether the victim *"fuist murdrez ou occis par agait apens or malice prepense"*[12] and that if a jury so found, the pardon would be void. In short, murder became a form of homicide for which a general pardon could not be pleaded.

Subsequently, murder and other homicides were further distinguished by sixteenth century statutes which excluded murder from benefit of clergy.[13] In Stephen's view[14] there came to be in consequence four categories of homicide: (1) murder, that is to say, killing with malice aforethought, which was a felony without benefit of clergy; (2) manslaughter, that is, wilful killing without malice aforethought, which was a clergyable felony; (3) homicide in self-defence or by misadventure, which was not a felony but which required pardon and entailed forfeiture of chattels; and (4) justifiable homicide, which was no crime at all. The distinction between murder and manslaughter clearly now lay in the presence or absence of malice aforethought.

"Malice aforethought" as yet had no clear meaning. Indeed its connotation was not fully clarified until the nineteenth century, when Stephen advanced a definition since accepted as authoritative.[15] He defined it to mean one of the following states of mind:

(1) an intent to kill or do grievous bodily injury;

(2) knowledge that the act done will probably kill or do grievous bodily harm;

(3) an intent to commit any felony; or

(4) an intent to oppose by force any officer of justice in discharging certain of his duties.

By now, therefore, the common law on homicide was beginning to seem fairly straightforward. Any unlawful killing with one of the above four states of mind was the capital offence of murder. Any unlawful killing without them was the non-capital offence of manslaughter.

"Manslaughter," then, denoted all culpable homicides other than murder. These had already been categorized in 1765 by Blackstone as voluntary and involuntary.[16] Voluntary manslaughter was culpable homicide falling short of murder on account of provocation. Involuntary manslaughter was culpable homicide falling short of murder on account of the absence of malice aforethought.

Voluntary manslaughter required the existence of provocation. For this existence there were two conditions: (1) the accused had to be actually provoked; and (2) the provocation, whether consisting of words and deeds or deeds alone, had to be such as would have provoked a reasonable man. It was for the judge to instruct the jury whether in law the alleged provocation could provoke a reasonable man.

In Blackstone's day, all other culpable killings without malice counted as involuntary manslaughter.[17] Given a homicide without malice aforethought, the question was: was it excusable? If not, it qualified as manslaughter.

Over time, however, there was a change of approach.[18] Given a homicide without malice, the question became: was it manslaughter? If not, it qualified as lawful. And to qualify as manslaughter it had to fall into one of two categories: (1) it had to be a killing resulting from gross negligence, or (2) it had to be a killing by means of an unlawful act, which was defined in 1883 by English case law to mean a criminal act.

II. Homicide in Canadian Law

This was the common law position in 1892 when Canada decided to enact a criminal code.[19] In so doing she had a variety of codes at hand to use as models. Fifty years earlier, Macaulay had drafted a criminal code, which was enacted in 1860 as the Indian Penal Code, was adapted for use by certain other colonies, and was highly commended by Stephen for its clear simplicity.[20] In 1878, Wright had prepared a Penal Code for Jamaica, which never came into force there but was adopted in some other colonies.[21] In 1879 Stephen had drafted a criminal code which was introduced in Parliament but withdrawn, was slightly modified later by a Royal Commission of Judges including Stephen himself and re-introduced, but was never in fact enacted.[22] Known as the *English Draft Code* (E.D.C.), it subsequently became the basis of criminal codes in New Zealand,[23] Queensland,[24] West Australia[25] and Tasmania[26] and served as the model for the authors of the first Canadian *Criminal Code*.[27]

The general structure of our *Criminal Code* of 1892, therefore, together with the particular structure of its homicide provisions was modelled on that of the E.D.C. Here it is noteworthy that the E.D.C. had certain avowed aims.[28] It aimed to codify the common law as it then existed, it sought to reduce that law to an explicit systematic shape, and it attempted to remove technicalities and other defects disfiguring that existing law.

First, the E.D.C. sought to codify existing law. Within that codification, the provisions on homicide formed part of a much larger whole. Indeed a bill to codify the law of homicide had been rejected in Westminster in 1874 precisely on the ground that partial codification was a misconceived enterprise. This very rejection was what had led Stephen to draft a complete code.[29]

Second, the E.D.C. attempted to reduce the law to an explicit systematic shape. To do this in the case of homicide, it distinguished between culpable and non-culpable homicide, speci-fied the duties whose omission qualified (if death resulted) as culpable homicide, and set out *inter alia* special provisions concerning medical treatment or lack of it.[30] In these respects the model of the E.D.C. was clearly followed by our *Criminal Code*.

Third, the E.D.C. aimed to remove technicalities disfiguring existing law. Such technicalities had been explained by Stephen as ''unintended applications of rules intended to give effect to principles imperfectly understood ... and rigidly adhered to for fear departure from them should relax legal rules in general.''[31] This explanation was illustrated by the following example:

> The principle that when a man kills another by great personal
> violence criminally inflicted the crime is as great as if death were

expressly intended is sound. Express it in the rule that it is murder to cause death in committing a felony and you get the unintended and monstrous result that it is murder to kill a man by accident in shooting at a fowl with intent to steal it.[32]

Modelled, then, on the E.D.C., our *Criminal Code* provisions on homicide remain much as they were in 1892, supplemented only by various *ad hoc* developments,[33] the most noteworthy being the following. In 1948 a new kind of homicide was added in the form of infanticide, on the model of the *Infanticide Act 1922* (U.K.).[34] In 1955, because of jury reluctance to return verdicts of manslaughter against motorists causing death by negligence, a new offence was created in the shape of causing death by criminal negligence.[35] In 1961 murders were divided into capital and non-capital,[36] and in 1976, after the abolition of the death penalty for murder, into first degree and second degree murder, the former excluding parole eligibility until after twenty-five years and the latter excluding it until after ten years of imprisonment.[37]

III. The *Criminal Code* Provisions

Today our homicide law in Canada is to be found within sections 196-223 of the *Criminal Code*. The sections read as follows:

> **196.** In this Part "abandon" or "expose" includes
>
> (*a*) a wilful omission to take charge of a child by a person who is under a legal duty to do so, and
>
> (*b*) dealing with a child in a manner that is likely to leave that child exposed to risk without protection;
>
> "child" includes an adopted child and an illegitimate child;
>
> "form of marriage" includes a ceremony of marriage that is recognized as valid
>
> (*a*) by the law of the place where it was celebrated, or

(*b*) by the law of the place where an accused is tried, notwithstanding that it is not recognized as valid by the law of the place where it was celebrated;

"guardian" includes a person who has in law or in fact the custody or control of a child.

197. (1) Every one is under a legal duty

(*a*) as a parent, foster parent, guardian or head of a family, to provide necessaries of life for a child under the age of sixteen years;

(*b*) as a married person, to provide necessaries of life to his spouse; and

(*c*) to provide necessaries of life to a person under his charge if that person

(i) is unable, by reason of detention, age, illness, insanity or other cause, to withdraw himself from that charge, and

(ii) is unable to provide himself with necessaries of life.

(2) Every one commits an offence who, being under a legal duty within the meaning of subsection (1), fails without lawful excuse, the proof of which lies upon him, to perform that duty, if

(*a*) with respect to a duty imposed by paragraph (1)(*a*) or (*b*),

(i) the person to whom the duty is owed is in destitute or necessitous circumstances, or

(ii) the failure to perform the duty endangers the life of the person to whom the duty is owed, or causes or is likely to cause the health of that person to be endangered permanently; or

(*b*) with respect to a duty imposed by paragraph (1)(*c*), the failure to perform the duty endangers the life of the person to whom the duty is owed or causes or is likely to cause the health of that person to be injured permanently.

(3) Every one who commits an offence under subsection (2) is guilty of

(*a*) an indictable offence and is liable to imprisonment for two years; or

(*b*) an offence punishable on summary conviction.

(4) For the purpose of proceedings under this section,

(*a*) evidence that a prson has cohabited with a person of the opposite sex or has in any way recognized that person as being his spouse is, in the absence of any evidence to the contrary, proof that they are lawfully married;

(*b*) evidence that a person has in any way recognized a child as being his child is, in the absence of any evidence to the contrary, proof that the child is his child;

(*c*) evidence that a person has left his spouse and has failed, for a period of any one month subsequent to the time of his so leaving, to make provision for the maintenance of his spouse or for the maintenance of any child of his under the age of sixteen years is, in the absence of any evidence to the contrary, proof that he has failed without lawful excuse to provide necessaries of life for them; and

(*d*) the fact that a spouse or child is receiving or has received necessaries of life from another person who is not under a legal duty to provide them is not a defence.

198. Every one who undertakes to administer surgical or medical treatment to another person or to do any other lawful act that may endanger the life of another person is, except in cases of necessity, under a legal duty to have and to use reasonable knowledge, skill and care in so doing.

199. Every one who undertakes to do an act is under a legal duty to do it if an omission to do the act is or may be dangerous to life.

200. Every one who unlawfully abandons or exposes a child who is under the age of ten years, so that its life is or is likely to be endangered or its health is or is likely to be permanently injured, is guilty of an indictable offence and is liable to imprisonment for two years.

201. Repealed.

202. (1) Every one is criminally negligent who

(*a*) in doing anything, or

(*b*) in omitting to do anything that it is his duty to do, shows wanton or reckless disregard for the lives or safety of other persons.

(2) For the purposes of this section, ''duty'' means a duty imposed by law.

203. Every one who by criminal negligence causes death to another person is guilty of an indictable offence and is liable to imprisonment for life.

204. Every one who by criminal negligence causes bodily harm to another person is guilty of an indictable offence and is liable to imprisonment for ten years.

205. (1) A person commits homicide when, directly or indirectly, by any means, he causes the death of a human being.

(2) Homicide is culpable or not culpable.

(3) Homicide that is not culpable is not an offence.

(4) Culpable homicide is murder or manslaughter or infanticide.

(5) A person commits culpable homicide when he causes the death of a human being,

(*a*) by means of an unlawful act,

(*b*) by criminal negligence,

(*c*) by causing that human being, by threats or fear of violence or by deception, to do anything that causes his death, or

(*d*) by wilfully frightening that human being, in the case of a child or sick person.

(6) Notwithstanding anything in this section, a person does not commit homicide within the meaning of this Act by reason only that he causes the death of a human being by procuring, by false evidence, the conviction and death of that human being by sentence of the law.

206. (1) A child becomes a human being within the meaning of this Act when it has completely proceeded, in a living state, from the body of its mother whether or not

(*a*) it has breathed,

(*b*) it has an independent circulation, or

(*c*) the navel string is severed.

(2) A person commits homicide when he causes injury to a child before or during its birth as a result of which the child dies after becoming a human being.

207. Where a person, by an act or omission, does anything that results in the death of a human being, he causes the death of that human being notwithstanding the death from that cause might have been prevented by resorting to proper means.

208. Where a person causes to a human being a bodily injury that is of itself of a dangerous nature and from which death results, he causes the death of that human being notwithstanding that the immediate cause of death is proper or improper treatment that is applied in good faith.

209. Where a person causes bodily injury to a human being that results in death, he causes the death of that human being notwithstanding that the effect of the bodily injury is only to accelerate his death from a disease or disorder arising from some other cause.

210. No person commits culpable homicide or the offence of causing the death of a human being by criminal negligence unless the death occurs within one year and one day commencing with the time of the occurrence of the last event by means of which he caused or contributed to the cause of death.

211. No person commits culpable homicide where he causes the death of a human being

(a) by any influence on the mind alone, or

(b) by any disorder or disease resulting from influence on the mind alone,

but this section does not apply where a person causes the death of a child or sick person by wilfully frightening him.

212. Culpable homicide is murder

(*a*) where the person who causes the death of a human being

(i) means to cause his death, or

(ii) means to cause him bodily harm that he knows is likely to cause his death, and is reckless whether death ensues or not;

(*b*) where a person, meaning to cause death to a human being or meaning to cause him bodily harm that he knows is likely to cause his death, and being reckless whether death ensues or not, by accident or mistake causes death to another human being, notwithstanding that he does not mean to cause death or bodily harm to that human being; or

(*c*) where a person, for an unlawful object, does anything that he knows or ought to know is likely to cause death, and thereby causes death to a human being, notwithstanding that he desires to effect his object without causing death or bodily harm to any human being.

213. Culpable homicide is murder where a person causes the death of a human being while committing or attempting to commit high treason or treason or an offence mentioned in section 52 (sabotage), 76 (piratical acts), 76.1 (hijacking an aircraft), 132 or subsection 133(1) or sections 134 to 136 (escape or rescue from prison or lawful custody), section 246 (assaulting a peace officer), section 246.1 (sexual assault), 246.2 (sexual assault with a weapon, threats to a third party or causing bodily harm), 246.3 (aggravated sexual assault), 247 (kidnapping and forcible confinement), 302 (robbery), 306 (breaking and entering) or 389 or 390 (arson), whether or not the person means to cause death to any human being and whether or not he knows that death is likely to be caused to any human being, if

(*a*) he means to cause bodily harm for the purpose of

> (i) facilitating the commission of the offence, or

> (ii) facilitating his flight after committing or attempting to commit the offence,

and the death ensues from the bodily harm;

(*b*) he administers a stupefying or overpowering thing for a purpose mentioned in paragraph (*a*), and the death ensues therefrom;

(*c*) he wilfully stops, by any means, the breath of a human being for a purpose mentioned in paragraph (*a*), and the death ensues therefrom; or

(*d*) he uses a weapon or has it upon his person

> (i) during or at the time he commits or attempts to commit the offence, or

> (ii) during or at the time of his flight after committing or attempting to commit the offence,

and the death ensues as a consequence.

214. (1) Murder is first degree murder or second degree murder.

(2) Murder is first degree murder when it is planned and deliberate.

(3) Without limiting the generality of subsection (2), murder is planned and deliberate when it is committed pursuant to an arrangement under which money or anything of value passes or is intended to pass from one person to another, or is promised by one person to another, as consideration for that other's causing or assisting in

causing the death of anyone or counselling or procuring another person to do any act causing or assisting in causing that death.

(4) Irrespective of whether a murder is planned and deliberate on the part of any person, murder is first degree murder when the victim is

(*a*) a police officer, police constable, constable, sheriff, deputy sheriff, sheriff's officer or other person employed for the preservation and maintenance of the public peace, acting in the course of his duties;

(*b*) a warden, deputy warden, instructor, keeper, gaoler, guard or other officer or a permanent employee of a prison, acting in the course of his duties; or

(*c*) a person working in a prison with the permisson of the prison authorities and acting in the course of his work therein.

(5) Irrespective of whether a murder is planned and deliberate on the part of any person, murder is first degree murder in respect of a person when the death is caused by that person while committing or attempting to commit an offence under one of the following sections:

(*a*) section 76.1 (hijacking an aircraft);

(*b*) secton 246.1 (sexual assault);

(*c*) section 246.2 (sexual assault with a weapon, threats to a third party or causing bodily harm);

(*d*) section 246.3 (aggravated sexual assault); or

(*e*) section 247 (kidnapping and forcible confinement).

(6) Murder is first degree murder in respect of a person when the death is caused by that person and that person

has been previously convicted of either first degree murder or second degree murder.

(7) All murder that is not first degree murder is second degree murder.

669. The sentence to be pronounced against a person who is to be sentenced to imprisonment for life shall be,

(*a*) in respect of a person who has been convicted of high treason or first degree murder, that he be sentenced to imprisonment for life without eligibility for parole until he has served twenty-five years of his sentence;

(*b*) in respect of a person who has been convicted of second degree murder, that he be sentenced to imprisonment for life without eligibility for parole until he has served at least ten years of his sentence or such greater number of years, not being more than twenty-five years, as has been substituted therefor pursuant to section 671; and

(*c*) in respect of a person who has been convicted of any other offence, that he be sentenced to imprisonment for life with normal eligibility for parole.

670. Where a jury finds an accused guilty of second degree murder, the judge who presides at the trial shall, before discharging the jury, put to them the following question:

> "You have found the accused guilty of second degree murder and the law requires that I now pronounce a sentence of imprisonment for life against him. Do you wish to make any recommendation with respect to the number of years that he must serve before he is eligible for release on parole? You are not

required to make any recommendation but if you do, your recommendation will be considered by me when I am determining whether I should substitute for the ten year period, which the law would otherwise require the accused to serve before he is eligible to be considered for release on parole, a number of years that is more than ten but not more than twenty-five.''

671. At the time of the sentencing of an accused under section 669 who is convicted of second degree murder, the judge presiding at the trial of the accused or, if that judge is unable to do so, any judge of the same court may, having regard to the character of the accused, the nature of the offence and the circumstances surrounding its commission, and to any recommendation made pursuant to section 670, by order, substitute for ten years a number of years of imprisonment, (being more than ten but not more than twenty-five) without eligibility for parole, as he deems fit in the circumstances.

672. (1) Where a person has served at least fifteen years of his sentence

(*a*) in the case of a person who has been convicted of high treason or first degree murder, or

(*b*) in the case of a person convicted of second degree murder who has been sentenced to imprisonment for life without eligibility for parole until he has served more than fifteen years of his sentence, he may apply to the appropriate Chief Justice in the province or territory in which the conviction took place for a reduction in his number of years of imprisonment without eligibility for parole.

(2) Upon receipt of an application under subsection (1), the appropriate Chief Justice shall designate a judge of the superior court of criminal jurisdiction to empanel a jury to hear the application and determine whether the applicant's number of years of imprisonment without eligibility for parole ought to be reduced having regard to the character of the applicant, his conduct while serving his sentence, the nature of the offence for which he was convicted and such other matters as the judge deems relevant in the circumstances and such determination shall be made by no less than two-thirds of such jury.

(3) Where the jury hearing an application under subsection (1) determine that the applicant's number of years of imprisonment without eligibility for parole ought not to be reduced, the jury shall set another time at or after which an application may again be made by the applicant to the appropriate Chief Justice for a reduction in his number of years of imprisonment without eligibility for parole.

(4) Where the jury hearing an application under subsection (1) determine that the applicant's number of years of imprisonment without eligibility for parole ought to be reduced, the jury may, by order,

(a) substitute a lesser number of years of imprisonment without eligibility for parole than that then applicable; or

(b) terminate the ineligibility for parole.

(5) The appropriate Chief Justice in each province or territory may make such rules in respect of applications and hearings under this section as are required for the purposes of this section.

(6) For the purposes of this section, the "appropriate Chief Justice" is

(*a*) in relation to

(i) the Provinces of British Columbia and Prince Edward Island, respectively, the Chief Justice of the Supreme Court,

(ii) the Provinces of Nova Scotia and Newfoundland, respectively, the Chief Justice of the Supreme Court, Trial Division,

(iii) the Provinces of Saskatchewan, Manitoba, Alberta and New Brunswick, respectively, the Chief Justice of the Court of Queen's Bench,

(iv) repealed, 1978-79, c. 11, s. 10, item 6(13),

(v) the Province of Ontario, the Chief Justice of the High Court of Justice, and

(vi) the Province of Quebec, the Chief Justice of the Superior Court;

(*b*) in relation to the Yukon Territory, the Chief Justice of the Court of Appeal thereof; and

(*c*) in relation to the Northwest Territories, the Chief Justice of the Court of Appeal thereof.

(7) For the purposes of this section, when the appropriate Chief Justice is designating a judge of the superior court of criminal jurisdiction to empanel a jury to hear an application in respect of a conviction that took place in the Yukon Territory or the Northwest Territories, the appropriate Chief Justice may designate the judge from the Court of Appeal or the Supreme Court of the Yukon Territory or Northwest Territories, as the case may be.

215. (1) Culpable homicide that otherwise would be murder may be reduced to manslaughter if the person who committed it did so in the heat of passion caused by sudden provocation.

(2) A wrongful act or insult that is of such a nature as to be sufficient to deprive an ordinary person of the power of self-control is provocation for the purposes of this section if the accused acted upon it on the sudden and before there was time for his passion to cool.

(3) For the purposes of this section the questions

(*a*) whether a particular wrongful act or insult amounted to provocation, and

(*b*) whether the accused was deprived of the power of self-control by the provocation that he alleges he received,

are questions of fact, but no one shall be deemed to have given provocation to another by doing anything that he had a legal right to do, or by doing anything that the accused incited him to do in order to provide the accused with an excuse for causing death or bodily harm to any human being.

(4) Culpable homicide that other-wise would be murder is not necessar-ily manslaughter by reason only that it was committed by a person who was being arrested illegally, but the fact that the illegality of the arrest was known to the accused may be evidence of provo-cation for the purpose of this section.

216. A female person commits infanticide when by a wilful act or omission she causes the death of her newly-born child, if at the time of the act or omission she is not fully re-covered form the effects of giving birth to the child and by reason thereof or of the effect of lactation consequent on the birth of the child her mind is then disturbed.

217. Culpable homicide that is not murder or infanticide is manslaughter.

218. (1) Every one who commits first degree murder or second degree murder is guilty of an indictable offence and shall be sentenced to imprisonment for life.

(2) For the purposes of Part XX, the sentence of imprisonment for life prescribed by this section is a minimum punishment.

219. Every one who commits manslaughter is guilty of an indictable offence and is liable to imprisonment for life.

220. Every female person who commits infanticide is guilty of an indictable offence and is liable to imprisonment for five years.

221. (1) Every one who causes the death, in the act of birth, of any child that has not become a human being, in such a manner that, if the child were a human being, he would be guilty of murder, is guilty of an indictable offence and is liable to imprisonment for life.

(2) This section does not apply to a person who, by means that, in good faith, he considers necessary to preserve the life of the mother of a child, causes the death of such child.

222. Every one who attempts by any means to commit murder is guilty of an indictable offence and is liable to imprisonment for life.

223. Every one who is an accessory after the fact to murder is guilty of an indictable offence and is liable to imprisonment for life.

IV. Evaluation of the Arrangement of the Homicide Provisions

The arrangement of our homicide provisions is open to several criticisms. Many of the provisions are, in essence, General Part provisions and are therefore illogically located in the Special Part of the *Code*. Many are tortuously structured. And many include much unnecessary detail.

First, the location of general provisions in the Special Part goes against the basic idea of criminal law codification.[38] A central aspect of that idea is the principle that all general matters (for instance, matters relating to jurisdiction, *actus reus*, *mens rea*, general defences), being relevant to all offences, should be placed together in a general part of the *Criminal Code*.[39] This is essential for clarity and the avoidance of unnecessary repetition.

In complete disregard of any such principle, the authors of the E.D.C. and of our *Criminal Code* drafted a chapter on homicide as though it were intended either as part of a code without a General Part or as a self-contained code of homicide. For example, in Part VI of the *Code*, the definitions of homicide offences are preceded by sections imposing certain duties (sections 197 to 201 of the *Criminal Code*) which are in no way confined to crimes of homicide. Next, homicides are classified as culpable and non-culpable (section 205) — a classification which can surely be applied to most kinds of conduct. Then there are special provisions relating to causation (*Criminal Code* sections 205(6), 207 to 209 and 211), as though the problems of causation had no relevance outside the law of homicide. On these three topics more is said below.

Secondly, there is the tortuously complex arrangement of the homicide provisions themselves. This complexity arises from negative definitions, overlapping provisions and "piggy-backing" structures.

Negative definition is most obviously employed in section 217, which states that manslaughter is culpable homicide that is not murder or infanticide. Accordingly, to discover the nature of manslaughter, the reader must first wade through sections 205, 212 to 213 and 216 on culpable homicide, murder and infanticide. A simpler, more straightforward approach would have been to give a separate self-contained definition of manslaughter, as is done for infanticide.

A further advantage of that approach would be avoidance of possible overlap. As it is, the effect of paragraph 205(5)(*b*) and section 217 is to make causing death by criminal negligence manslaughter, while the effect of sections 202 to 203 is to make it an offence in its own right. The overlap comes from negative definition resulting in "piggy-backing."

Such "piggy-backing" is conspicuous throughout the homicide provisions. As we have seen, section 217 on manslaughter is built on the complex foundations of sections 205, 212, 213 and 216. Sections 212 and 213 on murder are built on section 205 (on homicide). Finally, section 214 on first and second degree murder is then built on sections 205, 212 and 213.

This "piggy-backing," however, does not serve to obviate unnecessary repetition. For instance, although subsection 205(1) has already defined homicide as causing the death of a human being, sections 212 and 213 continue to repeat the formula "cause the death of a human being."

Thirdly, there is the matter of unnecessary detail. Some of the detailed provisions are no longer necessary because the law has altered: for instance, since the abolition of capital punishment for murder there is no need for subsection 205(6), which states that "killing by perjury" is not unlawful homicide.[40] Others, it may be argued, are unnecessary in that they can be covered by a more general rule: for instance, the special provisions in sections 207 and 208 on death which might have been prevented and on death from treatment of injury are only specific manifestations of a general principle relating to causation. It may also be argued that section 210, which states that no one commits culpable homicide unless the death occurs within a year and a day, is mere anachronistic detail[41] designed presumably to spare juries from considering cases with doubtful connection between the wrongful act and the resulting death and so less needed today in view of the better availability of medical and scientific evidence.

V. Improving the Arrangement of the Homicide Provisions

In our view, the homicide provisions in the *Criminal Code* could be made much simpler, clearer and more straightforward if the following steps were taken.[42] First, sections 197 to 199 on duties should be relocated in the General Part; section 205, which distinguishes between culpable and non-culpable homicide, should be deleted; and subsection 205(6) and sections 207 to 211, which contain special causation provisions, should be replaced by a general causation rule in the General Part. Next, all unnecessary detail like that contained in the causation sections should be removed. Finally, negative definitions, overlapping and piggy-backing, which have been discussed above, should be abandoned.

Sections like 197-199 imposing duties should be deleted from the Special Part and relocated in the General Part. For since the prime business of the Special Part is to create offences, this part should consist primarily of offence-creating sections. These can of course be buttressed by ancillary provisions defining those offences further or allowing special defences. They should not, however, be accompanied by "idling" sections, such as sections 197 to 199, which neither define offences nor allow for special defences, especially when such sections apply to other offences besides homicide. Such sections could most logically follow the General Part section stipulating that omission will only incur criminal liability if it is an omission to perform a duty imposed by law, and could amplify that section by explaining the nature of those duties (see below).

Next, section 205, which classifies homicide into culpable and non-culpable, should be deleted. In the first place, the presence of such a provision is inconsistent with the rest of the *Code*, which nowhere else begins a chapter of offences with this sort of classification. The assault provisions are not prefaced with a distinction between lawful and unlawful touchings. The theft provisions are not preceded by a distinction between lawful and unlawful takings. Why then introduce the homicide provisions by a distinction between lawful and unlawful killing?

Secondly, the section is objectionable from the standpoint of drafting. As argued above, sections in the Special Part should be restricted to defining offences, assigning penalties and providing special defences to them. There is no place in the Special Part, for mere conceptual mapping.

Thirdly and most important, the inclusion of section 205 runs counter to the idea of systematic criminal codification. For the idea of this is that offences should be defined in the Special Part and general defences and principles of liablity in the General Part. On this view, the homicide provisions should only create offences and leave questions of lawfulness to the General Part.

For these reasons the homicide chapter should not begin by classifying homicide as culpable and non-culpable. Instead it should straightforwardly define the different types of offence committed through causing death. Death caused intentionally, recklessly or by gross negligence will automatically be done unlawfully or culpably, absent some general exemption, justification or excuse which will accordingly be provided for in the General Part.[43]

Next, subsections 205(5) and (6) and sections 207 to 211 should be replaced by a general causation rule in the General Part. In the first place, a code should aim, not at specific examples, but rather at general provisions. In the second, causation problems arise outside as well as within the context of homicide,[44] so that the rules for their solution should be situated in the General Part.

Accordingly, no special rule should be included regarding death which might have been prevented or death from treatment of injury. These questions are particular instances of a more general question, namely, can one particular factor said to be the cause of an effect resulting from a combination of that and other factors? The answer to this question should be given in a general rule within the General Part. The nature of that answer is discussed below. Meanwhile sections 207 and 208 should be deleted.

Nor is there any need today for paragraphs 205(5)(c) and (d) which stipulate that causing death by frightening is culpable homicide and section 211 which stipulates that generally killing by influence on the mind is not.[45] Of course, if homicide is classified as culpable and non-culpable and if culpable homicide is defined primarily as causing death by an unlawful act, then such supplementary sections are essential. For frightening another or influencing his mind are not necessarily unlawful acts. But if the culpable/non-culpable classification is abandoned and if all causing of death is deemed unlawful given the requisite *mens rea* and absent some general defence, there remains no need for these supplementary provisions. Accordingly, paragraphs 205(5)(*c*) and (*d*) and section 211 should be deleted, and whether the death resulted (in the case of a child, sick person or normal adult) from frightening or influence on the mind should fall to be determined on the evidence.

Nor is there any longer any need for subsection 205(6). This subsection provides that it is not homicide to procure by perjury another's conviction and death by lawful execution. In substance it enacts a rule of earlier common law. Since the abolition, however, of capital punishment, it has become obsolete. It should, therefore, now be deleted.

Finally, sections 209 on acceleration of death and 210 on death within a year and a day should be deleted. The rule, that accelerating the death[46] of someone already dying from a disease is causing death, is merely a particularization of the general causation problem discussed above. The rule that no one commits culpable homicide unless death results within a year and a day is, as argued earlier, anachronistic.

With these alterations, much of the complexity due to piggy-backing would disappear. Instead of building the definition of manslaughter on that of murder and that of murder on that of culpable homicide, the *Code* could straightforwardly define murder, manslaughter and causing death by negligence as separate offences each in its own right.

RECOMMENDATIONS

1.   Homicide should no longer be classified as culpable and non-culpable — section 205 to be deleted.

2.   The specific duty sections should be replaced by provisions in the General Part — sections 197 to 199 to be deleted and a General Part section to be substituted.

3.   The specific causation sections should be replaced by a general provision in the General Part — paragraphs 205(5)(*c*) and (*d*), subsection 205(6), sections 207 to 211 to be deleted and a General Part section to be substituted.

CHAPTER TWO

The Physical Element in Homicide[47]

Essentially our homicide provisions define the physical element in crimes of homicide as follows. Subsection 205(5) of the *Code* defines culpable homicide as causing the death of a human being by means of an unlawful act, by criminal negligence, by causing that human being, by threats or fear of violence or by deception, to do anything that causes his death, or by wilfully frightening that human being, in the case of a child or sick person. Subsection 205(6) excludes "killing by perjury" from the class of culpable homicides. Subsection 206(1) defines a human being as someone already born. Sections 207 and 208 concern deaths which might have been prevented. Section 209 deals with acceleration of death. Section 210 specifies that the death must occur within a year and a day. Finally section 211 rules out causing death by influence on the mind.

In addition to the above-listed sections, completeness requires reference to sections 197 to 199 and 202. Subsection 202(1) defines criminal negligence and states that everyone is criminally negligent who (a) in doing anything, or (b) in omitting to do anything it is his duty to do, shows wanton or reckless disregard for the lives or safety of other persons. Subsection 202(2) defines "duty" as a duty imposed by law. Section 197 imposes duties on parents, guardians and others to provide necessaries. Sections 198 and 199 concern more general duties. In short the physical element in a homicide offence consists of (1) an act or omission, (2) causing, (3) the death, (4) of another, (5) human being.

I. Acts and Omissions: Duties

Death can be caused by acts or by omissions.[48] In this context "omission" means not just simple failure to do one of a series of acts comprising the activity in which the offender is engaged, for example, failure to brake one's car properly when driving, to give proper warning of one's approach, or to keep a proper lookout — failures which can equally be regarded as improper modes of acting, for instance, of driving. Rather it means "not doing anything", that is, not rescuing someone, not helping him, not providing him with necessaries — in short "not-doing".

When should one be liable for "not-doing"? Basically, when one has a duty to do something.[49] Morally a person is not to blame for an omission unless he has a moral duty to act. Likewise under our law he will not be held liable unless he has a legal duty to act. This legal rule, as argued earlier, and any special refinements of it belong, not to the homicide provisions, but to the General Part. In Working Paper No. 29, therefore, section 3 provides in general that no one commits an offence by reason of an omission unless he fails to perform a duty imposed by law.

But to what is the law referred?[50] Can criminal liability be incurred by omissions to perform duties imposed by any law or only by omissions to perform duties imposed by the *Criminal Code* itself? Working Paper 29, section 3 left the term "law" undefined and therefore with its case law meaning, which denotes any law including common law. On further consideration, however, we recommend that it should be given a restricted meaning and be limited to the law in the *Criminal Code*.

This restricted meaning accords with the apparent approach of the draftsmen of the 1953-54 *Code*.[51] If they meant to criminalize all omissions to perform legal duties, why did they specify the duties given in sections 197 to 201? The fact that they thought such specification necessary to ensure that death resulting from their non-performance would be culpable homicide, suggests that they never meant to refer to other duties.

In our view that original approach was right. The duties whose breach constitutes a crime must be restricted to criminal law duties to avoid two undesirable consequences which would otherwise follow. First, given all the duties that may or may not exist outside the criminal law, the individual's potential liability for omissions could become intolerably uncertain because no one can possibly know all the duties imposed by all the laws of Canada. Second, it could vary from province to province[52] — failure to provide necessaries to a dying common law "spouse" will not result in a homicide conviction in Ontario, but could in Québec because that province has a general "assistance in danger" provision in its *Charter of Rights*.[53] Yet clearly, criminal law should be uniform across the country and should be made by Parliament.[54]

To illustrate this further, take the following example. D1 and D2 are restaurant owners in cities A and B respectively. Fires break out accidentally in both restaurants, and patrons die.[55] Had the restaurants had special fire exits, the victims would not have died. City A has a by-law requiring restaurant owners to provide such exits, city B does not. So D1 has failed to perform a duty imposed by law and is guilty automatically of manslaughter while D2 has not and is not. This would be the absurd result of defining "law" here to mean all law in Canada. Obviously D1's and D2's criminal liability should not depend on the fortuitous circumstances of there being or not being in force some city by-law.

To avoid these undesirable consequences — lack of certainty and uniformity — the duties should be specified in the *Criminal Code* which should be comprehensive. The reader, therefore, should not have to look outside — to common law, provincial law, municipal law — to discover what he must and must not do. Instead the criminal law should be fully contained in one document which is not piggy-backed on other law.

Sometimes of course this is not possible. Take theft, for instance — dishonest interference with another's property rights. The nature of those rights depends on rules concerning ownership, possession and transfer and is obviously a matter for civil law. Here criminal law must piggy-back on other law, partly because it prohibits interference with rights which criminal law itself does not confer, and partly because the law creating property rights is far too complex and voluminous to state within a *Criminal Code*.

The duties now under consideration are quite different. They do not have to be predicated or piggy-backed on a whole complex of non-criminal rights but, it is argued, arise themselves out of our criminal law provisions. For instance, young children have a legal right to obtain necessaries from parents because at common law it was unlawful homicide for parents to let their children die for lack of necessaries. Furthermore, these duties are themselves reducible to quite a few in number — witness the present *Code* provisions — and relate to fairly obvious, basic and general obligations.

What should these duties be? Common law divided duties into (1) natural and (2) assumed duties.⁵⁶ Natural duties meant duties owed by parents to small children. Assumed duties meant duties voluntarily undertaken, for instance, by guardians, doctors, nurses.

Following this tradition, our *Criminal Code* spells out the following duties. Section 197 imposes a legal duty on parents, foster parents, guardians or heads of families, to provide necessaries for children under sixteen, on married persons to provide necessaries for their spouses and on people in general to provide necessaries for persons under their charge who cannot provide for themselves. Section 198 imposes a duty on anyone undertaking to administer surgical or medical treatment to use reasonable knowledge, skill and care in so doing. And section 199 provides that everyone who undertakes to do an act is under a legal duty to do it if its omission may be dangerous to life.

In addition, certain more specific duties are provided elsewhere in the *Criminal Code*. For example, section 77 provides that everyone who has an explosive substance in his possession is under a legal duty to use reasonable care to prevent bodily harm to others from that substance. Section 242 provides that everyone who makes an opening in ice that is open to the public is under legal duty to guard it in a manner adequate to prevent persons falling in by accident and that everyone who leaves an excavation on land that he owns is under a similar duty.⁵⁷

In our view all such duties should, instead of being scattered in specific provisions in the Special Part, be covered by a general formula in the General Part. For in the first place the duties are in the ultimate analysis of a very general nature — those covered by sections 77 and 242 are clearly only particular manifestations of them. Second, they apply beyond the context of homicide — non-performance of most of them is an offence in its own right and where causation of harm is needed, the harm need not be fatal.⁵⁸

Accordingly the nature of such duties will be fully examined in the context of the reconsideration of the General Part. Here be it noted *en passant* that if the recommendations in Report 20 are accepted, then letting a terminal patient die at his request will not qualify as homicide.⁵⁹ For if the law no longer requires a physician to continue treatment without the patient's express request, an omission to continue it will no longer be an omission to perform a duty imposed by law.

II. Causation[60]

As suggested earlier, the treatment of causation in the *Criminal Code* leaves much to be desired. Instead of an overall rule or principle for general guidance, it merely gives various specific rules for specific cases. And instead of treating the topic as one of general application concerning many different crimes, it deals with it as though it were particular to homicide.

The rules in question are to be found in subsection 205(6), sections 207 to 209, and 211. Subsection 205(6) provides that a person does not commit homicide by causing a human being's death by procuring his conviction and execution by perjury. Section 207 provides that a person doing any act resulting in another's death causes that death even though it might have been prevented by resort to proper means. Section 208 provides that where a person causes a bodily injury of a dangerous nature from which death results, he causes the death even though its immediate cause is proper or improper treatment applied in good faith. Section 209 provides that where a person causes bodily injury resulting in death, he causes death even though the effect of the injury is only to accelerate death from a disease or disorder arising from some other cause. Section 211 provides that, except in the case of causing the death of a child or sick person by wilfully frightening him, it is not culpable homicide to cause the death of a human being by any influence on the mind alone or by any disorder or disease resulting from influence on the mind.

In our opinion a Code should avoid such specifics and aim instead at general principles. No reference need be made to death caused by medical treatment or lack of it, for this is only a special application of the general principles of causation. Next, for the reasons given earlier on pages 25 to 27, no reference is now required to causing death by perjury. Then, for the reasons given on page 27, no specific reference is necessary to causing death by frightening. Finally, no reference to acceleration of death is needed since this again is a specific application of the general principles of causation. These special references should be replaced by a general rule within the General Part, which could be inserted under section 3 to explain "causing a consequence".

But how should such a general rule be formulated? Clearly the law must differentiate between causes and conditions. The fact that

D's unlawful conduct is a necessary condition for V's death does not entail that it is inevitably a cause of it. Not every necessary condition — not every "but for" factor — amounts to a cause. A cause is a factor singled out for attribution of a consequence.

What is the basis of such attribution? Clearly, nothing results solely from one act or occurrence. The arsonist's fire requires not only the striking of the match, but also the presence of oxygen; the gunman's killing needs not only the shooting but also the operation of the laws of ballistics, and so on. Normally this raises no problem because one of the contributing factors may clearly stand out as the main cause. Occasionally, however, there may be a factor which contributes in such a way as to make it difficult knowing to what the result should be ascribed.[61]

Suppose D injures V, V is treated in hospital and death results.[62] In such a case, is the cause of V's death the injury received from D or the treatment received in hospital? Or both?

According to common sense, the answer depends upon the nature of the treatment in question. If it is given in good faith but fails to save V's life, then D's infliction of injury is considered the cause of V's death. If it is not given in good faith or is utterly inappropriate — suppose that because of hospital error V's one good kidney is removed — then the treatment rather than D's injury is taken as the cause of death. In common sense, D has to take the risk of V's receiving unsuccessful treatment given in all good faith; he does not have to take the risk of V's receiving treatment that is utterly inappropriate or given in bad faith.

In such cases the answer, then, depends on the expectedness of the intervening event. Where the latter can be expected in the ordinary course of things — as can some measure of carelessness or negligence — the original actor has to take the consequences. Where it is totally unexpected in the ordinary course of things — as would be some intentional, reckless or grossly negligent maltreatment — the original actor is not responsible for the eventual outcome. As lawyers would put it, the "chain of causation" linking D's infliction of injury with V's death is snapped by a *novus actus interveniens* which is wholly outside reasonable expectations in the circumstances.[63]

In our view, this is how most causal problems are treated by ordinary common sense on which our law is ultimately based. A principle structured on these lines, then, should be articulated in a new *Criminal Code*. But since causation is not restricted to crimes of killing, this articulation should be located, not within the homicide provisions, but rather in the General Part.

III.   Death

In all homicide offences there has to be a death. Ordinarily this presents no legal problem. In most cases, evidence will clearly establish that the victim died. The only question will be the factual one of showing how this happened.

Occasionally, however, there can be legal problems which are due to advances in medical technology.[64] Suppose D mortally wounds V, V is taken to hospital and after an irreversible cessation of all his brain functions, his heart is removed for transplant purposes. Was V dead before the heart removal? If so, D can be said to have caused his death. If not, given the causation principle above suggested, he cannot — V's death must be taken to have been caused by the doctors.

In this connection this Commission studied the need for legal criteria for determination of death and made final recommendations in Report No. 15. It concluded: that the adoption of a legislative definition of death was needed to avoid arbitrariness and give greater guidance to doctors, lawyers and the public; that such a definition should be flexible enough to adapt to medical changes; and, that the proposed definition should be general, applicable to all situations where death has to be determined, and inserted in the *Interpretation Act*.

The recommended definition reads as follows:

For all purposes within the jurisdiction of the Parliament of Canada, a person is dead when an irreversible cessation of all that person's brain function has occurred. The irreversible cessation of brain functions can be determined by the prolonged absence of sponta-neous circulatory and respiratory functions. Once the determination of the prolonged absence of spontaneous circulatory and respiratory functions is made impossible by the use of artificial means of support, the irreversible cessation of brain functions can be determined by any means recognized by the ordinary standards of current medical practice.

IV. Of a Human Being

Next, the death has to be that of a human being. Three hundred years ago Lord Coke, in defining murder, spoke of killing a "reasonable creature in being."[65] Here "reasonable creature" denoted a human being and "in being" restricted the crime to victims already born. So long as the victim was already born, the unlawfulness of killing him would not be lessened by his consenting to his death or by his being the same person as the one doing the killing.[66]

Under the *Code* the law is, with one exception, still the same in this regard. Except for the fact that suicide, and hence attempted suicide, is no longer a crime,[67] the law regarding victims and their consent retains the common law position.[68]

V. Victims Already Born

Traditionally criminal law restricted homicide to victims already born.[69] To kill a child after birth, by a pre-natal or post-natal injury, was homicide, but to kill a child before its birth was no homicide. The victim of a homicide had to be "a reasonable creature in being," that is, a person already born.

Not that to kill a child before birth was no crime. On the contrary it was, said Coke, "a great misprision".[70] It did not qualify, however, as murder or manslaughter.

This is still the position today in Canada.[71] Subsection 205(1) of the *Criminal Code* states that a person commits homicide when "... he causes the death of a human being." The term "human being" is then defined by subsection 206(1), which states that a child "becomes a human being within the meaning of this *act* when it has completely proceeded, in a living state, from the body of its mother...". Accordingly, to kill a child in the womb before its birth is not a homicide under Canadian criminal law.[72]

These provisions raise questions both in form and substance. As to the form, if homicide is to be restricted to those already born, is the present *Code*'s method the best way of doing this? As to substance, should homicide be restricted to those already born or should it be extended to include the unborn?

In form the law in question is clearly unsatisfactory. The restriction to victims already born is effected in two stages. First, subsection 205(1) provides that homicide means causing the death of a human being, and subsection 206(1) artificially restricts the term "human being" to a child that has proceeded in a living state from the body of its mother.[73] Why not provide a more straightforward restriction to the effect that homicide means killing someone already born?

The substantial question is more difficult. On the one hand it seems artificial to draw an arbitrary line between the born and unborn in this context; does it make sense that if D deliberately injures a child in the womb, he commits murder if the child dies of the injury five minutes after birth but no homicide at all if the child dies five minutes before birth? On the other hand, to take away that arbitrary line would raise other difficulties; a line would now have to be drawn between the conceived and unconceived, between embryos and foetuses, or between viable and non-viable foetuses; and this too would still be arbitrary.

In this matter, however, arbitrariness is not the only concern. The substantive question is: what value in this context, should be set on the child in the womb? On this, however, we recommend no change at present because we plan later to deal with the whole question of unborn victims in a separate Working Paper. For while ordinary homicide raises no special medico-ethical issues, termination of the unborn life cannot be fully considered without extensive attention to such issues. Accordingly, the question of killing the unborn will be considered later, along with the offences covered by sections 221 (killing unborn child in the act of birth), 226 (neglecting to obtain assistance in childbirth), 227 (concealing body of child) and 251 (procuring miscarriage).

Meanwhile, as pointed out above, the unlawfulness of a homicide is not altered by the consent of the victim. Murder and manslaughter, unlike assault, do not expressly require an act done against the victim's will. Indeed it is for this very reason that "active" euthanasia qualifies as murder.[74]

Under our *Code* we have a special section dealing with this matter. Section 14 provides that no one can consent to death and that such consent will not affect the killer's criminal responsibility.

In our view no such section is required. In the first place, the *Code* defines culpable homicide as quite simply causing the death of a human being. It includes no such wording as "without his consent" as it does in the corresponding section on assault. In the second, there is no provision in the *Code* to the effect that a victim's consent is a defence in general. Accordingly there is no general rule requiring the addition of a special exception regarding homicide.

Under a reformed chapter of homicide provisions it is envisaged that murder, manslaughter and causing death by criminal negligence would all be defined in terms of "causing the death of another". This being so, lack of the victim's consent would not be an essential requirement any more than under present law. Accordingly, no special provision like that in section 14 would be necessary.

It will be recalled that we have already recommended, under our discussion of the arrangement of the homicide provisions, that the classification of homicide into culpable and non-culpable should be abandoned, that the sections on duties should be relocated in the General Part and that the specific rules on causation should be replaced by a general rule within the General Part. In addition we make the following recommendations on the physical element of homicide offences.

RECOMMENDATIONS

4. As under present law, only victims already born should qualify as potential victims of homicide offences, but this should be formulated straightforwardly and not by an artificial restriction on the expression "human being."

5. No definition of death should be included, on the understanding that the definition recommended in Report 15, *Criteria for the Determination of Death*, would be included in the *Interpretation Act*.

CHAPTER THREE

The Mental Element in Homicide

The most crucial question with regard to homicide concerns the mental element required for the various offences. As it is, all the offences share a common physical aspect: there must be a death, it must be caused by the offender's conduct and it must be caused culpably, for example by an unlawful act, by criminal negligence, and so forth. They differ only as regards the state of mind of the offender: murder is culpably causing death when meaning to kill or with some other specified state of mind[75] and manslaughter is culpably causing death in all other cases.[76] So the question in this context is: should the law continue to distinguish between crimes of homicide by reference to the state of mind of the offender?

In general, quite apart from codes of law, we do measure the gravity of wrongdoing largely by reference to the state of mind of the wrongdoer. If one person causes harm to another without justification or excuse, the extent to which he is held to blame depends upon his state of mind. If he causes the harm by pure inevitable accident, he incurs no blame. If he does so through some avoidable accident, he incurs criticism. If he does so through gross failure to act reasonably, he incurs serious blame. If he does so by consciously and deliberately exposing the victim to serious and unwarranted risk, he incurs greater censure. Finally, if he does so on purpose, he incurs the greatest reprehension.

These obvious common sense distinctions are reflected in our law of homicide. A person causing death through some inevitable accident incurs no liability whatsoever. A person doing so through ordinary negligence incurs civil liability and has to compensate his victim. A person doing so through gross negligence incurs criminal liability for causing death by criminal negligence or for manslaughter. Finally, a person who kills intentionally (or in some cases recklessly) can be convicted of murder.

In this regard our homicide law has three noticeable features. First, the threshold of criminal liability is not crossed until the negligence is gross. Second, the meaning of gross or criminal negligence is less than fully clear — at common law to be negligent is to fall below the standard of reasonable care and to be grossly or criminally negligent is to fall (whether through inadvertence or some other factor) far below it,[77] whereas according to the Supreme Court of Canada in *O'Grady* v. *Sparling*,[78] to be criminally negligent one must foresee that one's act or omission is likely to endanger the lives or safety of others, that is, one must be reckless. Third and by contrast, to some extent recklessness is as good as intent — killing when meaning to do so and killing without meaning to but knowing that one's act is likely to cause death both count as murder.

In our view, our criminal law is rightly at one with common sense morality in this regard. It follows — and should continue to follow — the practice of labelling and distinguishing the different homicide offences according to the state of mind of the offender. With regard to a new *Code*, then, two questions will arise. First, what should be the mental element for the different homicide offences? Second, what should be the name or label for each distinct offence?

The labels pose a difficult problem. On the one hand, the existing terms "murder" and "manslaughter" are sanctified by centuries of usage and tradition, and a *Criminal Code* without them would seem unfamiliar and even perhaps emasculated. On the other hand, to the extent that we recommend redefinitions of the offences, retention of the terms "murder" and "manslaughter" could cause confusion. For the time being we use the words "intentional homicide" and "reckless homicide" to describe what we believe to be the appropriate categories of homicide.

I. The Mental Element in "Intentional" Homicide

Clearly, the prime question is: what should be the mental element in the most serious offence of killing? At what point are we prepared to recognize that the mental state of one killer is so different from that of another as to warrant a legal distinction between them?

Traditionally, the common law drew the distinction by reference to malice. Murder was unlawful killing with malice aforethought. Manslaughter was unlawful killing without malice.[79]

Now obviously the clearest form of murder — the paradigm case — was killing when you mean to, killing on purpose, killing with intent. At common law, however, this was by no means the only form of murder, for there were several other categories corresponding to other heads of malice. As observed earlier,[80] according to Stephen, it was murder at common law to kill:

(1)   with an intent to kill or do grievous bodily injury;

(2)   with knowledge that the act done will probably kill or do grievous bodily harm;

(3)   with intent to commit any felony; and

(4)   with intent to oppose by force any officer of justice in discharging certain of his duties.

Examination of these four heads of malice makes it clear that common law recognized at least six different forms of murder — one paradigm case and five additional ones. These were:

(1)   Killing with intent to kill;

(2)   Killing with intent to cause bodily harm;

(3)   Killing with knowledge that the act done will probably kill;

(4)   Killing with knowledge that the act done will probably do grievous bodily harm;

(5)   Killing with intent to commit a felony; and

(6)   Killing with intent to oppose by force an officer of justice.

By 1892, however, the question of what the mental element for murder ought to be was highly controversial.[81] Some, such as Macaulay,[82] R. S. Wright[83] and Stephen[84] himself, wished to restrict murder to cases of intent and recklessness and get rid of the felony-murder rule together with Stephen's fourth head of malice. Others, including a majority of the Commissioners responsible for the E.D.C. wished to retain constructive malice.[85] In the event the E.D.C. and hence the 1892 *Code* retained all four of Stephen's heads of malice as set out in his Digest, but with significant differences in formulation.

A.   Intent to Kill

First, the most obvious form of murder, which comes up front in Stephen's list, also comes at the beginning of our present murder section. Stephen began with "an intent to kill". Our *Code* in section 212 provides that culpable homicide is murder where the person who causes the death "means to cause his death". This form of murder therefore, is a "purpose" crime.[86]

B.   Recklessness

Next, cases (2), (3) and (4) mentioned on page 41 — meaning to do grievous bodily harm, knowing you are likely to kill and knowing that you are likely to do grievous bodily harm. These cases, it will be recalled, fall partly under head (1) and partly under head (2) of Stephen's heads of malice.[87] In our *Code* they are dealt with partly by subparagraph 212(*a*)(ii) and partly by paragraph 212(*c*). And the way that they are dealt with by those provisions is significantly different from the way that they were dealt with by the common law.

Take for example case (2) — killing with intent to do grievous bodily harm. At common law this falls under the first head of malice and is straightforward murder. Under our *Code* this is not so. Under our *Code* it is murder only in two situations. First, it is murder if the offender means to cause the victim bodily harm that he knows is likely to cause his death and is reckless whether death ensues or not (subparagraph 212(*a*)(ii)). Second, it is murder if the offender for an unlawful object does anything he knows or ought to know is likely to cause death (paragraph 212(*c*)).

Our *Code*, then, differs from the common law in two respects. First, it is no longer enough for the offender to intend to do grievous bodily harm. Under subparagraph 212(*a*)(ii) the offender must mean to cause bodily harm *that he knows is likely to cause death*. In other words "grievous" has been more strictly defined to mean in fact "known to be deadly". Accordingly, to take an example given by Professor Hooper,[88] "if I administer a severe beating to a man but do not foresee his death and he dies anyway, I am guilty of murder at common law but not under section 212(*a*)(ii)."

Second, it is no longer enough to know that one's act may cause death or "deadly" harm. Under subparagraph 212(*a*)(ii) you must also *mean* to cause bodily harm. So, to take another of Hooper's examples:

> I shoot at X not in the least wanting to wound him but merely to warn him off. However, I foresee that I may probably kill or wound him because I am not a very good shot and, in the circumstances, I am prepared to take the risk. If I kill X, I am clearly guilty of murder at common law. But am I guilty of murder under subparagraph 212(*a*)(ii)? Surely not. I did not intend to or mean to cause him any bodily harm.[89]

Alternatively to know that one's act will cause death may make one guilty of murder under paragraph 212(*c*) of the *Code*. But not by itself. Under paragraph 212(*c*) the act in question must be done *for an unlawful object*. And case law has now made it clear that the unlawful object for which the act is done must be different from the act that is being done and that the unlawful object itself must be a serious indictable offence requiring *mens rea*.[90]

On the other hand, paragraph 212(*c*) has introduced some new notions. First, it provides that it is murder "where a person, for an unlawful object, does *anything* ...." The meaning of this term has generated considerable case law as to how widely the term should be understood.[91] The present law, however, seems to be that it means an act dangerous to life.[92]

Second, paragraph 212(*c*) does not confine itself to anything which the offender knows is likely to cause death but extends also to anything which he *ought to know* is likely to cause death. It may well be that his extension was originally added, as Hooper[93] has suggested, not to change substantive law but rather, at a time when the accused was not allowed to testify, to deal with a presumption of intent — to provide that it would be murder if the accused "must have known", that is, if the obvious inference is that he knew. Be that as it may, the words were given an objective meaning by the case law, so that regardless of the offender's actual knowledge, he could be guilty of murder if a reasonable man would have had the requisite knowledge.[94] Today, however, the courts seem to be adopting a more subjective approach and using the standard of the reasonable man more as a guide by which to infer the actual knowledge of the accused.[95]

Apart from any other consideration, it becomes clear from an examination of section 212 that the law in this area is difficult and complex. Suppose D is accused of murdering V by injuring him for the purpose of committing robbery. Suppose the prosecution argues (1) that D knew the injury was likely to cause death (2) that D was robbing V and (3) that D ought to have known that the injury was likely to prove fatal. Suppose D denies (1) that he knew the injury was likely to cause death and (2) that he was robbing V. When the trial judge has to explain the law relating to these two different hypotheses, as Hooper says, the confusion that would reign in the minds of the jury is not hard to imagine.[96] Yet surely criminal law, as Lord Goddard observed, "should rest on three principles — simplicity, certainty and an application that is neither fortuitous nor capricious."[97]

C. Constructive Malice

Finally, cases (5) and (6) — killing with intent to commit a felony and killing with intent to oppose by force an officer of justice. These were covered by heads (3) and (4) in Stephen's listing of the heads of malice. Under our *Code* they are covered by paragraph 212(c) and section 213. The former is global and concerns, as we have seen, anything (1) known (or which ought to be known) as likely to cause death, and (2) done for an unlawful purpose. Section 213 is a more specific section which details both the kinds of acts likely to cause death and the kinds of unlawful purpose in question.

First, the kinds of acts specified by section 213 consist in

(a) Causing bodily harm for the purpose of facilitating the commission of an offence or facilitating flight after its commission;

(b) Administering a stupefying thing;

(c) Wilfully stopping a person's breath; and

44

(d) Using or having a weapon, where death ensues in consequence.

Second, the kinds of unlawful purpose listed by section 213 include:

— treason;
— sabotage;
— piratical acts;
— highjacking aircraft;
— escape and prison rescue;
— assaulting a peace officer;
— sexual assaults;
— kidnapping;
— robbery;
— breaking and entering; and
— arson.

Clearly, this section, which is modelled on section 175 of the E.D.C., greatly adds to the complexity and detail of the law of murder. Under the common law the rule was quite straightforward: killing was murder if done in the course or furtherance of a felony (later a felony of violence) or in the course or furtherance of resisting an officer of justice. This rule, however controversial, was readily grasped and remembered. Section 213 may provide useful restrictions but does so at the price of loss of general principle, overburdening the law with detail and providing an *ad hoc* list of offences which are virtually impossible to remember.

Worse still, section 213 may be largely unnecessary. The only homicide covered by section 213 and not by paragraphs 212(*a*)(ii) or (*c*) is that resulting from the carrying of a weapon — a Canadian addition to the felony murder rule.[98] Certainly, once mention has been made in paragraphs 212(*a*)(ii) and (*c*) of harm likely to cause death, there is no need to add references to stupefying and choking. Likewise, once mention has been made in paragraph 212(c) of pursuing an unlawful object, there is no need to add a further list of specified offences. Stephen[99] himself doubted whether section 213's predecessor, section 175 of the E.D.C., added anything of importance but thought that any situation covered by that section would be one where a jury would feel no difficulty in finding that the offender knew or ought to have known that this act was likely to cause death, in which case it would be murder under E.D.C. section 174. The same can be said about section 213 of our *Code*.

As it is, the coexistence of paragraph 212(c) and section 213 now adds a further burden for the jury. Suppose D unintentionally kills V in the course of a robbery. At common law he was clearly guilty of murder, for he killed V in the course of furtherance of a felony of violence. Under our law he may be guilty of murder under subparagraph 212(*a*)(ii) because he meant to cause V bodily harm which he knew was likely to cause his death, under paragraph 212(c) because for an unlawful object he did something which he knew or ought to know was likely to cause death, and under section 213 because he meant to cause bodily harm for the purpose of facilitating robbery. And the jury would need to be directed on all of these overlapping provisions.[100]

D. Transferred Intent

Before leaving the present law we should briefly note one further distinction between Stephen's formulation and that provided by the *Code*. This relates to transferred intent. Stephen stated that it was murder to cause the death of a person with intent to kill or do grievous bodily harm to some person, whether the person killed is the intended victim or not.[101] In other words, the offender does not need to intend to kill his actual victim. So if D shoots to kill X but misses X and kills V, D is guilty of murder. Likewise if D means to kill X, mistakes V for X and so kills V, he commits murder. This is the doctrine of transferred malice.[102]

Following the E.D.C., our *Code* adopts a different formulation. It provides explicitly and separately in paragraph 212(*b*) that where a person meaning to cause death to a human being, by accident or mistake causes death to another human being, this is still murder. The common law result is reproduced by a more specific formulation.

In our view no such separate provision on transferred intent is required. First, as Professor Stuart[103] convincingly argues, no reference to mistake is necessary. If D kills V intentionally but by mistake for someone else, his mistake would not, according to the general principles on this particular defence, provide D with any excuse because his erroneous belief relates to a non-essential

46

factor. In other words, if you intentionally kill someone, it matters not who you thought the victim was — in such a case identity is quite irrelevant.[104] (On this see Working Paper 29, *The General Part*, section 9(1).)

In the second place, no reference to accident is necessary. If murder is defined as killing when meaning to kill anyone, then it matters not whether the actual victim was killed in fact by accident. Where D means to kill X but misses and kills V, this would be murder whether D knows that the act aimed at X is likely to kill V.

E.   The Policy Issue

Clearly, then, the basic policy issue is: should "intentional" homicide cover not only cases of actual intention but also cases of constructive intention? Should it cover not only killings where the offender means to kill but also killings where he does not? First, should it cover killings done in the course of certain other offences — should there be a type of constructive "intentional" homicide? Second, should it cover killings done with knowledge that one's act is likely to kill — should there be a type of reckless homicide within this category?

II.   Constructive Homicide

Should one who kills another unintentionally ever be treated the same as one who does so on purpose? Should he be treated the same, and be liable to conviction for the most serious homicide offence, if the unintentional killing occurs in the course or furtherance of some other serious offence? Should the unintentional killing be regarded in law as tainted by that other offence and therefore as aggravated up to the seriousness of "intentional" homicide?

Consider the following situations. First D1, in order to facilitate a robbery unintentionally kills V1, in any of the following ways:

He hurls V1 violently to the ground and V1 unexpectedly strikes his head on a metal projection;

he chloroforms V1, who then unexpectedly dies of a heart attack;

he puts a hand over V1's mouth to stop him calling for help and V1 unexpectedly chokes to death;

he points his gun at V1 to cow him into submission, the gun goes off accidentally and V1 dies of the shot wound.

Second, D2 to facilitate a robbery intentionally kills V2 who is preventing the successful completion of the crime. Should D1 be guilty of the same offence as D2 as he would be under our present law?

Many would reply in the affirmative on various grounds. First, this is the reply in line with our common law tradition based as it is on centuries of judicial experience. Second, to make D1 here act at his peril serves the purpose of deterrence — bank robbers must learn to avoid bodily harm, to forego stupefying of drugs, to leave their guns at home. Third, from a retribution standpoint, D1 cannot complain: engaged in a criminal enterprise he knows that accidents can happen — people hurled to the ground sometimes kill themselves on projections, stupefying drugs can bring on heart attacks, guns can go off by accident. Finally, the natural inference is that people intend the natural consequences of their actions — a man who fatally shoots another usually intends to do so.

Attractive as these arguments may seem, they are not fully convincing. Take first the question of common law history and tradition. Today it is trite learning that killing in the course of felony was always murder, but, as often happens, that learning is mistaken. As has been convincingly demonstrated by Professor Lanham,[105] far from enjoying the merit of historical legitimacy, "the felony murder rule can claim only the weakest of antecedents". Conceived by Coke in a statement "unsupported by his cited authorities and penned in the course of a discussion of homicide which was largely incoherent,"[106] the rule was rejected both by Dalton[107] and more importantly by Hale.[108] Indeed even by the early part of the nineteenth century there was still more authority against the rule than in its favour. This being so, it can be argued "the felony murder rule is not a relic of ancient barbarism but an instance of modern monstrosity."[109]

Next, the argument concerning deterrence. This founders on two shoals — the uncertainty of the deterrent effects of punishment and the capricious operation of such constructive rules. As to the former, Stuart[110] has put it convincingly. "As with most arguments based on deterrence, the correlation is at best unproven. If the death penalty does not deter, an inflexible felony murder rule is highly unlikely to be effective, even assuming it is known.'' As to the capricious operation of the rule, D1 in all the above examples is treated the same as D2 because V dies, yet V's death in each case is *ex hypothesi* unintended, unforeseen and accidental from D's standpoint. Of course if V's death were foreseeable, D would have been reckless.[111] As it is, D's liability ends up being measured by something quite outside his own control.

Admittedly this happens regularly in homicide. A shoots at B to kill him; A is guilty of murder if B dies and of attempted murder if he lives, although B's survival may depend on the quality of the subsequent medical treatment. Or again, if X drives very dangerously and hits Y, X is guilty of causing death by criminal negligence if Y dies and of causing bodily harm by criminal negligence if he lives, although again survival may depend on the actions of doctors, nurses and others. If we accept a degree of capriciousness here, why not accept it equally in the cases discussed on page 47?

To this we would reply as follows. The element of capriciousness found in our attitude to cases in the preceding paragraph is more easily justified than that concerning cases discussed earlier (on page 47). For though the victim's survival in both cases considered above were to some extent independent of the offender, the harm involved in death is so complete and irreversible that we are naturally drawn to consider the offender guilty of a more serious offence than when the victim lives.[112] But once the offender is guilty of a homicide, then if we are serious about differentiating with respect to the offender's state of mind — intent, recklessness, gross negligence, and so on — then we should not capriciously assimilate some non-intentional killings to intentional killings simply because those killings occurred in special circumstances. In short, just as there is a clear common sense distinction between killing and mere injuring which is recognized by our present law, so there is an equally clear common sense distinction between intended and unintended killing which is not fully acknowledged by our present law.

This leaves the argument from retribution: the offender in such cases only has himself to blame; he has to take the consequences. Seductive as it is, this will not work because essentially it puts intended and unintended killings on the same footing. It draws no distinction between the bank robber who kills unintentionally and the bank robber who kills on purpose, for instance, to get rid of a potential witness. Yet clearly, however, as bad as the first bank robber's conduct is, the second's is worse. This difference in moral gravity should, in our view, be reflected by any morally based system of criminal law. This, not the constructive murder rule, is the corollary of retributive principles.

Finally the question of the natural inference. Admittedly, if D points a loaded gun at V and kills him, particularly during the commission of a robbery, the natural inference is that he actually meant to kill. No doubt in ninety-nine cases out of a hundred, this is the very inference a jury will draw no matter what the accused contends. Here no great injustice results from application of an automatic rule that killing in such circumstances is treated as intentional killing.

But what of the hundredth case? What of the case where, on all the evidence, the jury is not satisfied beyond a reasonable doubt that the accused actually meant to kill? If they cannot draw this inference from the facts in question, why should they be forced by law to do so? Why should they be compelled to treat him as though he had killed on purpose when they are not convinced he did?

The standard answer is that otherwise the guilty may get off; allow the jury to acquit the hundredth offender who is innocent and then they will start acquitting some of the other ninety-nine who are not. Here three points must be made. First, it should be recalled that our society subscribes to the idea that better ten guilty men go free than one innocent be convicted — the very opposite of the argument above. Second, the bank robber discussed on page 47 does not get off; he can be convicted of armed robbery and also of a lesser crime of homicide; the idea that he might go scot-free is a red herring. Third, the present constructive murder rule is too inclusive; as Stuart[113] observes, section 213 covers widely differing kinds of homicide — ranging from killing during organized armed robbery to killing in a drunken mugging.

In our view, no form of unintentional killing should be placed by criminal law on the same footing as intentional killing. Central to everyday morality is the idea that it is worse to do harm on purpose than to do the same harm through recklessness, worse to do it through recklessness than through carelessness, and worse to do it through careless than by accident. Essential, in our view, to structuring a satisfactory criminal code is the need to base it on, and make it reflect, this central moral difference — a position argued by this Commission in the discussion of the principle of responsibility in Working Paper 29, *The General Part*. But if this central difference is to be reflected anywhere, it must *par excellence* be mirrored in the homicide provisions which concern the flagship offences and the major wrongs in the criminal calendar. To treat an unintentional killer as though he intended to kill involves the criminal law in artificiality and fictions and in the injustice of not treating significantly different cases differently.

For all these reasons, then, and particularly for the reason that the criminal law should not ride roughshod over important distinctions drawn by morality, we think the time has come "to bring the law up-to-date by turning the clock back to the days of Sir Matthew Hale". We think that constructive murder should be abolished, that the rules contained in paragraph 212(*c*) and section 213 should have no place within our criminal law, and that killings where death is neither intended nor foreseen should be excluded from the category of "intentional" homicide whether or not they are brought about in furtherance of some other offence.

RECOMMENDATION

6. "Intentional" homicide should apply only to killings done with actual intent to kill, and cases of constructive intent should be excluded from this category.

III. Reckless Killing

At common law reckless killing was murder.[114] Recklessness, it was said, was as good as intent. Accordingly, Stephen's second head of malice comprises knowledge that the act done is likely to kill.

Canadian law is equally clear, although it gives a more restricted answer. Under subparagraph 212(*a*)(ii) it is murder where the offender means to cause the victim bodily harm that he knows is likely to cause death, and is reckless whether death ensues or not. Under paragraph 212(*c*) it is murder where for an unlawful object he does anything that he knows or ought to know is likely to cause death to a human being, notwithstanding that he desires to effect his object without causing death or bodily harm to any human being.

We have already referred earlier (on page 43) to the constructive aspects of paragraph 212(c). There we would argue that any such constructive provision is objectionable on two grounds. First, case law notwithstanding, the words "ought to know" suggest an objective standard of knowledge whereas, in fact, a person who does not know that death is likely (even if he ought to know) is significantly different from one who knows that it is likely, let alone from one who intends death.[115] Second, the fact that the offender acts for an unlawful purpose is no justification for putting him on all fours with one who means to kill. In short, the argument advanced against section 213 above apply to paragraph 212(c) as far as concerns "ought to know".

Turning now to cases of pure recklessness — meaning to cause harm known as likely to cause death (subparagraph 212(a)(ii)) and doing for an unlawful object something known as likely to cause death (paragraph 212(c)) — we would begin by distinguishing three cases:

(1) D means to kill V — a case of direct intent: for example, D wants to kill V and shoots him dead;

(2) D means to do something which involves V's death as a means to that end or as an inevitable result of it — a case of indirect or oblique intent: for example, D wants to destroy an aircraft in which V is travelling, puts a bomb inside it before take-off, then later triggers off the bomb, destroying the airplane and killing the passengers; and

(3) D does something knowing it will expose V to serious risk of death — a case of pure recklessness: for example, D drives with reckless abandon, knows that doing so exposes himself, his passenger V and other road users to serious risk of death, and crashes killing V.

As to these three cases we argue as follows. First, cases (1) and (2) should be assimilated. The fact that in (1) D aims at V's death, whereas in (2) he aims at some further goal to which V's death is an undesired but necessary step, is surely irrelevant. Who wills the end wills the means. In both cases D means to cause V's death.

Indeed it is cases like case (2) that give plausibility to the doctrine that recklessness is as good as intent. For D in case (2) merits as much blame as D in case (1): he is prepared to take V's life. But while case (2) is sometimes described as recklessness, this is misleading because D exposes V, the aircraft passenger, not to a risk of death, but rather to a virtual certainty thereof — to as much certainty as is possible in human affairs, the sort of certainty in issue when we talk of an intent.

By contrast recklessness has to do not with certainty but with risk or probability.[116] A reckless killer is one who gambles with his victim's life. Now doing this, though reprehensible, is normally regarded as less heinous than intentional killing. For as argued above, it is generally thought worse to do harm on purpose than to do that same harm through recklessness. Morally, then, intent is worse than recklessness, and this should be reflected in the criminal law concerning homicide.

For these reasons, we consider that "intentional" homicide, like 'murdrum' in earlier times, should be restricted to the worst kind of homicide. It should be used to denote the central case — intended killing. It should have no application to any less heinous forms of homicide like killing by recklessness, which should accordingly be covered by a lesser crime of reckless homicide.

RECOMMENDATION

7. "Intentional" homicide should apply only to killings done with actual intention and cases of reckless killing should be excluded from this category.

IV. The Mental Element in "Reckless" Homicide

At common law, manslaughter was unlawful killing without malice. This included voluntary manslaughter, that is, murder reduced to manslaughter by provocation, and involuntary manslaughter.[117] Provocation is discussed below. Here we examine involuntary manslaughter.

At common law, involuntary manslaughter fell into two kinds. It could consist in causing death by an unlawful act. Or it could consist in causing death by a lawful act done with gross negligence.[118] The state of mind, if any, required for manslaughter must be examined within these two contexts.

The first kind of involuntary manslaughter was subsequently narrowed by the case law. In *R. v. Larkin*[119] (1962), it was held that to ground a verdict of manslaughter the unlawful act must be a dangerous act, that is, "an act which is likely to injure another person." This definition was approved by the House of Lords in *R. v. Church*[120] (1965).

The second kind of involuntary manslaughter was defined by two leading cases. As a result of *Bateman*[121] (1925) and *Andrews*[122] (1937), the lawful act causing death must be done with a degree of negligence which renders it a matter of public concern and not a mere matter for compensation between private parties.

Basically our *Code* has followed common law in this regard. Manslaughter is defined by section 217 as culpable homicide that is not murder or infanticide. If the culpable homicide is committed with the *mens rea* or its equivalent specified in sections 212 and 213, the homicide (absent any question of provocation) is murder. If it is committed in the circumstances specified in section 216, it is infanticide. But if it falls into neither of these categories, it becomes the residual offence of manslaughter.

Manslaughter is of course a form of culpable homicide. And culpable homicide is defined by subsection 205(5) as including causing death by an unlawful act or criminal negligence. Clearly then, under our *Code* as under common law, involuntary manslaughter can be committed in two different ways.

The *Code* however, does not tell us what is meant by an unlawful act in this context. For this we have to look to case law, which has followed the direction taken by *Larkin*[123] and *Church*.[124] In *R. v. Tennant and Naccarato*[125] (1975), the Ontario Court of Appeal held that it is manslaughter to cause death by an unlawful act which any reasonable person would inevitably realize must subject another person to risk of, at least, bodily harm. And *R. v. Cole*[126] (1981) held that if the unlawful act is not criminal, then to support a finding of culpable homicide it must be an intentional one which, viewed objectively, is likely to subject another person to danger of harm or injury. "Bodily harm" has been defined by case law[127] as interference with health or comfort that is more than merely transient or trifling in nature — a definition adopted by section 245.1 of the *Code* within the context of offences of assault. Such a definition would perhaps be wide enough to allow cases of constructive manslaughter, as where D pushes V over, V has an eggshell skull and death results, since maybe the act of pushing should be taken as an act likely to cause bodily harm.

By contrast the *Code* does define criminal negligence. Subsection 202(1) provides that every one is criminally negligent who, in doing anything or in omitting to do anything that it is his duty to do, shows wanton or reckless disregard for the lives or safety of other persons. Subsection 202(2) provides that "duty" here means a duty imposed by law.

This section is not free from difficulty. The section is entitled "Criminal Neligence" but the text speaks in terms of recklessness: "shows wanton or reckless disregard." These terms may be in conflict with each other.[128]

"Negligence" is a term which is sometimes given different meanings. Some scholars argue that negligence denotes inadvertent risk-taking.[129] In tort, however, it means failure to take reasonable care, that is, the care which would be taken by a reasonable person. This failure can of course arise through inadvertence: the actor fails to notice what he is doing when he ought to. It can also arise without inadvertence: the actor adverts to the risk but nevertheless wrongly decides to take it. In either case he may be civilly liable for negligence. In ordinary language, too, which is far less precise than law, negligence may mean simply carelessness.

Recklessness too is difficult to define. Ordinarily it may mean simply very gross carelessness or negligence — the (advertent or inadvertent) taking of a very serious and unjustifiable risk.[130] Conventional legal wisdom, however, especially in the context of offences like malicious damage, malicious wounding and murder, developed a narrower meaning for the term; it limited recklessness to the conscious taking of a serious and unjustifiable risk.[131]

In this sense, recklessness is often contrasted with intent. Intent entails desire of consequences or its equivalent, that is to say, foresight of their certainty; recklessness means foresight of their probability.

Recently, however, in *Lawrence*[132] (1981) and *Caldwell*[133] (1981), the House of Lords, considering that words like recklessness should be viewed as far as possible as having their ordinary language meaning, held that recklessness meant simply very gross negligence. While this sort of approach usefully keeps law in line with ordinary language, it causes difficulty when words with a well-established special meaning are unexpectedly given instead the looser general meaning of ordinary language. How far these decisions of the House of Lords will be followed in Canada is hard to say.

Be that as it may, section 202 itself creates a conflict. By using the title "Criminal Negligence" it suggests that the test to be applied is an objective one: did the offender (whether advertently or inadvertently) fall below the required standard of care?[134] By using in the text the words "shows wanton or reckless disregard," it suggests that the test to be applied is a subjective one: did the actor advertently and consciously take a serious and unjustifiable risk?[135]

This conflict could be resolved in one of two ways. It could be said that the term "criminal negligence" has a special meaning here and denotes subjective negligence; that is, the offender must advertently and consciously take the risk.[136] Alternatively, it could be said that the words "shows wanton or reckless disregard" have a special meaning in this section and are to be taken objectively rather than subjectively; that is, that the offender need only take the unjustifiable risk, whether consciously or inadvertently. The second alternative seems to have found favour with the courts. Fastening on the word "shows," they have interpreted section 202 as requiring, not that the offender in fact had wanton or reckless disregard, but only that his conduct showed such disregard.[137] In other words, they have interpreted it to mean that an offender is guilty under this section if his conduct manifested on the face of it a falling below the standard of prudence.

In our view, three criticisms can be levelled at our provision on manslaughter (apart from the formal criticism made earlier in this Paper). First, there is a complete overlap between the second kind of involuntary manslaughter and the offence of causing death by criminal negligence. Second, the meaning of "criminal negligence" is still unclear. Third, the first kind of involuntary manslaughter may be too wide and may allow for cases of constructive manslaughter.

In our view the second most serious homicide offence, "reckless" homicide, should be restricted to recklessness. It should be restricted to cases where an offender causes death, not meaning to kill, but knowingly disregarding a substantial or serious risk of causing death. This kind of killing should be dealt with separately so as to distinguish it, on the one hand, from intentional killing, and on the other hand, from killing through gross negligence. Indeed this is the appropriate place for those reckless killings discussed at pages 47 and following.

RECOMMENDATION

8.   "Reckless" homicide should be restricted to reckless killing, that is, causing death by knowingly exposing another to serious and socially unacceptable risk of death.

V.   Other Homicide Offences

Should there be further homicide offences? Should there be an offence of negligent homicide? And should there be an offence of "drunken" homicide?

VI.   Negligent Homicide

Should criminal law prohibit not only intentional and reckless but also negligent killing? Should it prohibit causing death through gross carelessness falling short of recklessness and consisting in some instances of inadvertence?

This is a highly controversial question, on which we received differing advice from our consultants. Some stressed that punishment for negligence is neither self-evidently objectionable nor wholly at odds with criminal law tradition. Evidence for this proposition is to be found in case law suggests that mistake of fact had to be reasonable to operate as a defence, in the development of the doctrines of constructive murder and constructive manslaughter and also in the importation into our *Code* of crimes of causing death and bodily harm by criminal negligence.

Other consultants replied that nonetheless in general criminal law tradition *mens rea* has always been restricted to intent and recklessness. Negligence was always confined in general to, and seen as a matter *par excellence* for, civil law. For this the reason surely was that inadvertence, from which in fact most negligence results, has not been clearly recognized as warranting punishment; it is mostly, to use Lord Atkin's[138] words, a matter for mere compensation between the parties.

In our view this is the better position. Real crimes — crimes of violence, dishonesty and vandalism, for example — have always required in principle, intent or recklessness. As Jerome Hall[139] has shown convincingly, negligence has no role to play within *mens rea*. For this reason we would have unhesitatingly recommended against any kind of negligent homicide offence, but for one problem.

That problem is, of course, that of death on the road. Today in Canada, as in all advanced Western countries, deaths resulting from motor accidents form one of the gravest problems facing society; the number of Canadians who die annually on the road is nearly as high as the average number of Canadians who died in each year of the second world war.[140] Small wonder then that there is constant, if not mounting, public pressure to seek solutions to this problem through the criminal law.

No solution seems wholly satisfactory. The earliest strategy, to prosecute for manslaughter, was fraught with difficulty. For one thing, courts faced problems trying to distinguish gross or criminal negligence from ordinary civil negligence. For another, juries proved reluctant to convict of manslaughter, and understandably since that was the crime of which they normally convicted people causing death through intrinsically unlawful activities or, worse still, people lucky not to be found guilty of murder.

A later approach, adopted in this country, to create a special crime of causing death by criminal negligence,[141] was also open to objections. On the one hand, it ran counter to the tradition discussed above of limiting *mens rea* to intent and recklessness.

On the other hand, it left unclear first what was the difference between this crime and manslaughter and second what actually was meant in this context by negligence.

A third solution, used in the United Kingdom,[142] was to create a special offence of causing death by dangerous driving. In our opinion this too has its drawbacks. The most significant is that it moves away from a principled approach to criminal law, which concentrates on criminalizing general categories of conduct, and relies on dealing with particular problems by special *ad hoc* solutions. The logic of such an *ad hoc* approach would be to burden criminal law with a multiplicity of special offences: causing death by dangerous flying, causing death by dangerous sailing, causing death by dangerous hunting, causing death by dangerous skiing, and so on.

A possibly more satisfactory solution, to which the English method points the way, might be to restructure the crime of dangerous driving so as to allow for different levels of maximum penalty depending on the consequential harm.[143] Such maximum could be, as now, two years' imprisonment in the absence of actual harm, five years' given resulting bodily injury and ten years' in case of consequential death. An approach on these lines would avoid *ad hoc* offences, would leave *mens rea* in homicide restricted, as traditionally, to intent and recklessness, and, best of all, would highlight the gravamen of the offender's conduct — his endangering the safety of others.

On this, however, we feel the need for further study and exploration. In the first place, driving is only one of many activities which entail a measure of danger but which, because of their social utility, have not been made unlawful. A thoroughly principled approach to criminal law, therefore, would shrink from treating driving in isolation but would prefer to deal with it in an overall provision which could relate generally to intrinsically dangerous activities like flying, hunting and perhaps drinking alcohol.

Secondly, this Working Paper focuses on homicides as being fatal offences of violence, that is, as offences consisting of intentional or at least reckless aggression. Later, the Criminal Law Project along with the Protection of Life Project will be investigating "endangering" offences, comprising engaging in certain activities in a dangerous manner, causing environmental pollution, and possibly other conduct. In that context the problem of dangerous driving will again fall to be examined.

But thirdly, the specific problem of killing by dangerous driving will have to be examined also in the general context of road traffic offences. In due course, this Commission will have to explore *inter alia* two major questions on this general topic. One is the ethical question concerning the extent to which driving offences can qualify as real crimes, given that many of them may be committed without gross immorality but simply through ordinary negligence. The other is the factual question concerning the extent to which a useful contribution to the problem of road accidents can really be made by criminal law.

Meanwhile, for the reasons set out above, our interim conclusion would be not to include an offence of negligent homicide.

VII. "Drunken" Homicide

In our earlier consultations on Working Paper 29, *The General Part*, and in particular on the defence of intoxication advanced in section 6 on page 123 of that Paper, few questions were raised as often as the question how alternative (2) in that section would operate in cases of homicide. That alternative, put forward largely to avoid the illogicality accepted by Lord Salmon in *Majewsky*[144] but castigated (in our view rightly) by Dickson J. in *Leary*,[145] has two limbs. The first provides that a person charged with an offence shall be acquitted if, while committing the *actus reus* of that offence, he was prevented by his intoxication from having the purpose or knowledge required by the definition of that offence. The second provides that unless the intoxication resulted from fraud, duress or reasonable mistake, such a person shall be convicted of a new included offence of criminal intoxication and liable to the same penalty as the offence which, but for his intoxication, he would have committed.

In the context of homicide these rules are intended to apply as follows. Suppose D is charged with reckless homicide but claims not to have known, because of his intoxication, that he was exposing V to a serious risk which would have been obvious to anyone sober. Here, D would be acquitted of reckless homicide because he lacked the knowledge required by the definition of that offence. He would, however, be convicted of criminal intoxication and liable to the same penalty because the only factor preventing him from having that knowledge was his intoxication. For reckless homicide is the offence which, but for his drunkenness, he would have been committing.

Next, suppose D is charged with intentional homicide but claims not to have killed V on purpose because he was too drunk to form any such purpose. Here too D must be acquitted of intentional homicide, convicted of criminal intoxication and made liable to the same penalty as that for the offence which, but for his intoxication, he would have been committing. But what is that offence? Clearly not intentional homicide, for whereas in the reckless homicide situation we were able to say that if he had been sober D would have known he was exposing V to a risk of death, in the intentional homicide case we obviously cannot say that if he had been sober D would have intended to kill V. The answer, then, must be reckless homicide, for here too in the intentional homicide situation if D had been sober he would have realized that his act would in all probability cause V's death.

Accordingly, given an intoxication defence, an "intentional" homicide charge allows for three possibilities and, a "reckless" homicide charge for two. The former allows for a conviction for "intentional" homicide, on the ground that D had the requisite purpose, for "reckless" homicide on the ground that he lacked that purpose but knew his act would probably kill, or for criminal intoxication with liability to a "reckless" homicide penalty. The latter allows for a conviction for "reckless" homicide on the ground that he did have the guilty knowledge or for criminal intoxication again with liability to a "reckless" homicide penalty.

Various objections have been raised to this approach. One is that it is unclear how the burden of proof would operate. To this objection the answer is that the matter will be dealt with later in the course of an examination of the burden of proof generally in criminal law.

Another is that it appears to blur important distinctions. Defendants charged with homicide, assault and vandalism could all, regardless of the original charge, end up convicted of the same offence of intoxication. And this, despite the different penalties to which they will be liable in each case, is surely to some extent unfair.

The objection could perhaps be met by a change of labels as suggested by the Victorian Law Reform Commissioner in Australia.[146] The new *Code* could provide that in such cases the conviction would be not for criminal intoxication but for doing, in a state of intoxication, the act forming the *actus reus* of the offence charged. So the defendants mentioned above could be convicted of committing the act of homicide, assault or vandalism, as the case may be, in a state of intoxication. On this suggestion we would welcome feedback.

Another possibility, suggested by some consultants, would be to include an offence of "drunken" homicide carrying the same penalty as "reckless" homicide. But unless we were prepared to deal exceptionally with homicide in this regard — and we can see no compelling reason for so doing — the logic of that approach would be to accompany every *Code* offence with a corresponding "drunken" offence. We would have "drunken" assault, "drunken" vandalism and so forth. And this would put an end to the search for generality implicit in codification.

For this reason we would not recommend any kind of "drunken" homicide offence for inclusion in the homicide chapter.

VIII.   General Conclusions and Labels

In sum, we envisage a subdivision of homicide offences as follows:

"intentional" homicide	intentional killing where D means to kill;
"reckless" homicide	reckless killing where D knows his act exposes V to a serious unjustifiable risk of death.

62

Under this scheme, an offender presently liable for murder under subparagraph 212(*a*)(ii), paragraph 212(*c*) or section 213, would only be guilty of "intentional" homicide if he meant to kill.[147] Failing this, he would be guilty of "reckless" homicide if he knew of the serious risk of death. Failing this, he would be not guilty of any homicide offence but he would still, of course, be liable for the crime he actually intended to commit — robbery, piracy or whatever.

CHAPTER FOUR

Sanctions for Homicide[148]

What should be the sanctions for the homicide offences we have recommended? Should each form of homicide carry a different penalty to mark the progression in gravity, or should they carry penalties more in line with those existing in the present law?

I.   Sanctions under Present Law

Present homicide sanctions have two notable features. First, manslaughter and causing death by criminal negligence carry the self-same penalty, namely, a maximum of life imprisonment. Second, murder carries in theory a fixed penalty of life imprisonment.

In having a fixed penalty, murder is virtually unique.[149] Admittedly, some offences under the *National Defence Act*[150] are punishable by death, but these are now of more theoretical than practical significance. These offences apart, all other crimes allow for a range of penalties — Parliament normally prescribes only a maximum and leaves the actual choice of sentence to judicial discretion.[151] Murder, by contrast, excludes all such discretion and must be punished with imprisonment for life.

This inflexibility has always been the case with murder. At common law the penalty for it was death.[152] Under our *Criminal Code* the same was true for over half a century. In 1965, however, the death penalty was restricted to certain more heinous types of murder (capital murder) and a fixed penalty of life imprisonment prescribed for less heinous types (non-capital murder).[153] Later, in 1976, when capital punishment was permanently abolished, capital and non-capital murder were replaced by first degree and second degree murder, both of which were made punishable by a fixed penalty of life imprisonment.[154] The two offences differ, though, regarding parole eligibility: second degree murderers become eligible after ten years and first degree murderers only after twenty-five.[155] In effect, then, second degree murder carries a minimum penalty of ten years and first degree murder one of twenty-five.

The other notable feature of our present homicide sanctions relates to manslaughter and causing death by criminal negligence. Under the present *Code* both offences carry the same penalty. Manslaughter (which includes killings that would be murder but for provocation) and causing death by criminal negligence (which in fact is partly coextensive with manslaughter and seems to have been added to the *Code* because of jury reluctance to convict dangerous drivers who kill of manslaughter) are both punishable by a maximum of life imprisonment.

Here, then, there are four questions. First, if the law were to contain a negligent homicide offence, should it carry a lower penalty than reckless homicide? Second, should there be a lower penalty for reckless than for intentional homicide? Third, should there be a fixed penalty for all intentional homicides? Fourth, should there be degrees of intentional homicide?

II.   Negligent and Reckless Homicide

If, contrary to our recommended scheme, there were an offence of negligent homicide, the difference between it and the more serious offence of reckless homicide would concern the state of mind of the offender. Negligent homicide would consist in killing through gross failure to take due care for the lives of others. Reckless homicide would comprise killing through consciously exposing someone to a serious and socially unacceptable risk of death. Basically the former crime would be one of inadvertence, the latter one of deliberate risk-taking.

As observed earlier,[156] there is a moral distinction between inadvertence and conscious recklessness. However blameworthy it may be to cause harm carelessly and unwittingly, it is clearly worse to cause that same harm knowingly and recklessly. This being so, it follows that to kill through inadvertent negligence,

66

however gross, must be less heinous than to kill through recklessness. Negligent homicide must be less grave than reckless homicide.

This difference in gravity, although not fully brought out in the present *Code*, should surely be reflected in our law. First, it should be reflected in the definitions of the offences by reference to a clearly articulated difference in the offender's state of mind, as would be done under the scheme proposed. Second, it should be mirrored in the penalties assigned to each offence, a lesser penalty being provided for negligent than for reckless homicide, as we would propose under the new scheme.

RECOMMENDATION

9. If there is an offence of "negligent" homicide, it should carry a lower penalty than "reckless" homicide.

III. Reckless and Intentional Homicide

Under the recommended scheme, reckless homicide and the yet more serious crime of intentional homicide would also be distinguished by reference to the state of mind of the offender. Reckless homicide would consist, as explained above,[157] in killing by knowingly exposing someone to a serious and socially unacceptable risk of death. "Intentional" homicide would consist in killing when meaning to kill. Basically the former would be a "knowledge" crime and the latter a "purpose" crime.[158]

Here again there is a clear moral distinction. Morally, we differentiate between things done through recklessness and things done on purpose. However reprehensible it is to cause harm which is foreseen but not intended, it is surely worse to cause that same harm through aiming at it. The former case involves gambling with the victim's safety; the latter involves an actual intent to harm him. This being so, it follows that, other things being equal, killing intentionally must be reckoned worse than killing knowingly through recklessness.

This difference too should be articulated in our law. First, it should be marked by a distinction between intentional and reckless homicide based on the difference in the requisite state of mind.

Whereas traditionally at common law, murder was unlawful killing with malice aforethought and manslaughter unlawful killing without malice, so under the new scheme "intentional" homicide would be killing with intent and reckless homicide would be killing without intent.

Secondly, the distinction should be marked, like that between reckless and negligent homicide, by a difference in penalty. Traditionally at common law and in our *Criminal Code*, manslaughter and other homicides have carried a lower sanction than murder, which has always been the only homicide offence to carry a fixed penalty.[159] Under the scheme proposed, the crime of reckless homicide would carry a lower penalty than would the crime of intentional homicide.

RECOMMENDATION

10. "Reckless" homicide should carry a lower penalty than intentional homicide.

IV. A Fixed Penalty for All Intentional Homicide

Under the present *Criminal Code*, the penalty for second degree murder is imprisonment for life with no parole eligibility till after ten years. In theory, this penalty is a fixed one of life imprisonment; in practice it is a minimum one of ten years' imprisonment.[160]

Clearly the law must stigmatize intentional killing more than reckless killing. Of course if the maximum penalty for the latter were less than life imprisonment, this could be done by setting a maximum penalty of life imprisonment for intentional homicide. As it is, since manslaughter itself is punishable by life imprisonment, the extra heinousness of murder can only be brought out by prescribing a fixed life imprisonment penalty.

The trouble with this solution is its rigidity. After all, murders are by no means all of the same kind; they vary enormously one from another in various ways and in particular as to their moral culpability. As was said in 1953 by the Report of the Royal Commission on Capital Punishment in England, "there is perhaps no single class of offences that varies so widely both in character and in culpability as the class comprising those which may fall within the comprehensive common law definition of murder."[161] At one end of the spectrum of reprehensibility comes unpremeditated killing in the course of a quarrel or for revenge or for some other evil motive. Next, and perhaps less heinous in our ordinary reckoning, might come killing in the heat of passion, for example, by a jealous spouse. Finally at the other end of the spectrum might fall killings done with a laudable motive from the offender's standpoint perhaps but not from society's perspective, for example, mercy killings.

Under our present law, of course, all these different types of murder are treated on an equal basis. Given that the offender means to kill, or has one of the requisite states of mind detailed in *Criminal Code* sections 212 and 213, he will receive in each case the same punishment. His motive is treated as irrelevant. Incarceration for a minimum of ten years is mandatory for each offence.

In justice, though, the law should surely take account in this context of the circumstances of each case and in particular of the offender's motive. This, after all, is what is done throughout the rest of criminal law, which, no matter what the definition of the crime in question, prescribes a maximum rather than a fixed penalty and so allows judicial discretion to determine the sentence most appropriate to each situation. Accordingly, it permits factors like good motive, temptation and provocation to be dealt with flexibly at the post-conviction stage.

We believe the same approach could be taken with murder. The punishment for "intentional" homicide — or at least for second degree categories of it — could be left to be determined by the judge, who after all is in the best position to take account of all the individual circumstances of each particular crime. In short, this kind of homicide could, like all other offences, be made to carry merely a maximum penalty.

To this, one objection might be that it would be too sharp a break with legal tradition. Another might be that it could cause serious and understandable misgivings. For without fixed penalties, could we be really sure that murderers would get their just deserts or that society would be adequately protected or that the major crime in the calendar would incur sufficient denunciation?

Serious and understandable as such misgivings are, they can, we think, be allayed for several reasons. First, we see no reason to doubt that judges can be trusted to impose the appropriate sentence for this crime as they do for other offences. Second, in the exceptional case where the sentence imposed was clearly inappropriate, the Crown could still in Canada, unlike in other common law countries, appeal to higher courts and get them to correct such aberrations. Third and most important, our suggestion only relates to second degree "intentional" homicide; nothing is said at this stage about first degree crimes and the most heinous types of acts which would fall thereunder.

Removal of the fixed or minimum penalty for second degree "intentional" homicide then, would be a less drastic break with legal tradition than might at first sight appear. Indeed, it would be less a break with that tradition than an evolution of it. For if originally all murders were punishable, in law if not in fact, by death and if after 1965 second-degree murder became punishable in effect with a minimum of ten years' imprisonment, then removal of the ten year minimum is only a logical development to acknowledge the enormous variety of homicides, to allow a necessary flexibility in sentencing, and to put this crime on the same footing as all other offences.

In addition, however, removal of this minimum penalty would obviate the need for special rules on excess force in self-defence, provocation and infanticide. Instead of burdening the judge and jury with technical, complex rules of law, because of the fixed penalty for murder, we would allow the judge to take account of all such matters flexibly in sentencing, as he would do for any other offence. Each of these matters is briefly considered here in turn.

V.   Excess Force in Self-Defence[162]

The problem of excess force in self-defence is, in our opinion, inadequately dealt with by the present law. The problem is as follows. V attacks D. D defends himself with force. Unfortunately D uses more force than necessary and kills V. Of what crime should D be guilty?

One answer could be: of no crime at all, for self-defence should operate as a complete justification no matter how much force involved. This view has not found favour in any jurisdiction, for obvious reasons. On policy grounds the use of force, particularly of lethal force, must be ruled out in any civilized society except to the extent that it is absolutely necessary. But force can only qualify as absolutely necessary when it constitutes the very minimum required for justifiable purposes like law enforcement, self-defence and so on. To license more than this minimum would endanger the whole structure of peace, order and good government.

A diametrically opposite answer would be: of murder, for the plea of self-defence should only be available to a person using no more force than reasonably necessary. Use of force within this minimum merits a complete acquittal. Force in excess negatives the justification and makes the user guilty of murder (given the necessary *mens rea*). This is the common law position,[163] the rule in Canada: *R. v. Brisson*,[164] and also the rule proposed by Working Paper 29 — *The General Part*.[165]

Yet a third answer could be: he should be guilty of manslaughter. This "half-way house" answer, the one given in certain Australian jurisdictions,[166] acknowledges that those acting in self-defence, whatever the degree of force employed, are acting under special pressures and difficulties and are, for that very reason, clearly less culpable than those not under pressure but killing gratuitously. It also avoids the curious unfairness of allowing a concession to those acting under provocation, who are blame-worthy to begin with, but denying it to some of those acting in self-defence, who are to start with blameless.

There could, however, be a yet more satisfactory solution to the problem. This solution, like the "half-way house"[167] answer, would recognize the reduced culpability of a person using excess force in self-defence, but would at the same time, unlike the "half-way house" position but like the common law and like the Supreme Court of Canada position in *R. v. Brisson*,[168] acknowledge that nonetheless, given the requisite *mens rea*, he means in fact to kill and should not therefore logically speaking qualify as guilty only of manslaughter.[169] The solution is to abolish the fixed penalty for second degree "intentional" homicide (1), to leave self-defence as no excuse where excess force is used but to allow the victim's aggression to count as a mitigating factor when it comes to sentence.

VI. Provocation[170]

Many assaults of course are not committed in reaction to a victim's aggression but rather to some other conduct which so angers the offender as to make him lose his normal self-control. Inexcusable as it is, such loss is understandable wherever the same would happen to an ordinary person in the offender's shoes; we may require, but cannot really expect, the offender to attain a standard higher than that of the ordinary man. We temper our disapproval of the offender's conduct, then, with recognition of the special pressures facing him.

This is the view taken by the common law. At common law, provocation is in general no defence but is a mitigating factor. Though not negating guilt, it can be taken into account in sentencing.[171] If D under gross provocation assaults V, his being provoked cannot prevent conviction but can reduce his sentence. In an appropriate case, then, D would initially plead not guilty, cross-examine V to establish evidence of provocation and then change his plea and make a speech in mitigation.

In homicide, however, the position was always different. With murder carrying a fixed penalty, no mitigating factors could be taken into account. Accordingly, to allow provocation to be catered for, the crime had to be reduced to manslaughter, which carried no fixed penalty and therefore allowed for sentencing discretion. Such reduction was possible if the accused was actually provoked and if the provocation would have equally provoked a reasonable man.

The common law position is reproduced in substance in the *Criminal Code*.[172] Subsection 215(1) states that culpable homicide that would otherwise be murder may be reduced to manslaughter if the person committing it did so in the heat of passion caused by sudden provocation. Subsection 215(2) states that a wrongful act or insult of such a nature as to deprive an ordinary person of the power of self-control is provocation if the accused acted upon it on the sudden and before there was time for his passion to cool. Subsection 215(3) states for the purposes of this section the questions whether a particular wrongful act or insult amounted to provocation and whether the accused was deprived of the power of self-control by the alleged provocation are questions of fact, but that no one shall be deemed to give provocation by doing anything he had a legal right to do or anything the accused incited him to do in order to provide the latter with an excuse for causing death or bodily harm. Subsection 215(4) states that culpable homicide that would otherwise be murder is not necessarily manslaughter by reason only that it was committed by a person being arrested illegally, but that the fact that the illegality of the arrest was known to the accused may be evidence of provocation.[173]

It may be argued that the law resulting from these provisions is objectionable on two grounds. First, the wording of subsection 215(2) is too complex. Second, there seems to be two different and overlapping ways of reducing murder to manslaughter.

First, the complexity. On the one hand, stipulation that the provocation must be such as to deprive an ordinary person of self-control provides an objective test excluding reference to the defendant's personal idiosyncracies[174] (though how can we cater properly to an offender's special difficulties without putting ourselves fully into that offender's shoes?). On the other hand, the provision in subsection 215(2) that a wrongful act or insult can be provocation if the offender acts upon it on the sudden and before there is time for his passion to cool has often been judicially interpreted as allowing a subjective test and as permitting consideration of an offender's personal idiosyncracies to determine whether he acted on the sudden and before cooling time elapsed.[175]

Second, the two different ways of reducing murder to manslaughter. It may be so reduced by reason of provocation, as allowed by subsection 215(1). Alternatively, it may be so reduced because the offender's rage, whether or not resulting from provocation, deprived him of the requisite *mens rea* for murder.[176]

With the abolition of a fixed penalty for second degree "intentional" homicide, these difficulties would no longer arise. Provocation would operate, here as in all other offences, as a mitigating factor rather than an element of the offence. In that case, killing under provocation would qualify more correctly — for the offender generally means in fact to kill — as "intentional" homicide instead of as a crime consisting typically of recklessness.

The wisdom of this scheme was doubted by some of our consultants. For one thing, they objected understandably to labelling as murderers those who kill under provocation. For another, they suggested that it would not be feasible under this approach to elicit sufficient evidence of provocation for sentence purposes.

To the first objection we would reply as follows. First, even if 'murder' seems an inappropriate term for killing under provocation, 'manslaughter' is surely (with all due respect to the common law) as singularly inappropriate a term for killing with intent (which killing under provocation is). Second, for just this kind of reason it may well be desirable in any case to drop the traditional terminology and substitute some other terms like "intentional killing" and "reckless killing." Third, objections on the score of labelling should not side-track the central question, which is: how should we best deal with provocation — by providing special rules exempting from the fixed sentence for intentional killing or by prescribing merely a maximum sentence allowing for judicial discretion?

Our answer to the second objection is this. First, there should be no greater difficulty in principle in homicide cases than in non-fatal cases as regards establishing evidence. A defendant wishing to show provocation could plead not guilty, cross-examine to suggest provocation, then change his plea and make a speech in mitigation. But secondly, if the inevitable absence of the victim makes this course less satisfactory, then ways could be devised of eliciting the necessary evidence. The main question is: should we deal with provoked killing through sentencing discretion? If the answer is 'yes', then procedure and evidence can be worked out to implement this.

VII.   Infanticide[177]

The offence of infanticide was added to the *Criminal Code* in 1948 and assumed its present form in the 1955 revision. It is defined by section 216 as the causing of the death of a newly-born child by a wilful act or omission of its mother when not fully recovered from the effects of giving birth to the child and mentally disturbed by reason of the effects of giving birth or of lactation consequent on the birth. The penalty is a maximum of five years' imprisonment.[178]

Essentially infanticide is a species of reduced murder.[179] Indeed, before 1948 a person committing infanticide would strictly have been guilty of murder. On the one hand, the mental disturbance now described in section 216 would have been insufficient to qualify as insanity under section 16, not being a disease of the mind resulting in lack of appreciation of the nature and quality of the act or omission or in knowledge that it was wrong. On the other hand no form of diminished responsibility short of legal insanity would have operated at that time to negate *mens rea*. Accordingly, the offence of infanticide was added to the *Code* to avoid murder convictions and death sentences for mothers suffering from mental disturbance resulting from childbirth or lactation.[180]

In its present form, section 216 can be criticized on several grounds. First, as presently formulated, it creates a curious situation regarding onus of proof. Second, it is based on antiquated medical thought about the effects on women of giving birth. Third, it is, one may argue, unnecessary from a legal standpoint in view of recent case law developments on the defence of insanity.

First, then, although clearly designed to create a species of reduced murder, section 216 contains no words to that effect such as those in the corresponding English *Infanticide Act*. That statute contains the phrase "notwithstanding that the circumstances were such that but for this Act the offence would have amounted to murder." Instead, infanticide is defined simply as a separate offence in its own right. Hence the odd position concerning burden of proof.[181]

The oddity is this. If the mother's disturbed state of mind in the infanticide offence had been treated analogously to provocation, the burden of proof would have operated as follows: a defendant charged with murder would have had an evidentiary burden to adduce evidence of mental disturbance while the Crown would have had, as usual, the legal burden of persuading the jury beyond reasonable doubt that there was no mental disturbance. As it is, the Crown bears both the evidentiary and the legal burden of proving the defendant's mental disturbance beyond reasonable doubt.

This has a curious result. For whereas on the provocation model a defendant's failure to raise a reasonable doubt as to the mitigating factor of mental disturbance would leave her guilty of the greater offence of murder, under present law, on a charge of infanticide, a failure (by the Crown) to prove mental disturbance beyond reasonable doubt leaves her not guilty of the lesser crime of infanticide but in principle guilty of the greater crime of murder, for which, however, she has not been charged and for which she now could not be prosecuted because this would put her "in jeopardy twice for the same homicide."[182] To obviate this curious result, that is to say, a complete acquittal, section 590 provides that even without proof of the requisite mental disturbance, there can be a conviction for infanticide. In other words, one section of the *Code* defines an offence as requiring a certain element and then another section dispenses with the need to prove that element.

Secondly, current medical evidence[183] does not conclusively establish a connection between the effect of childbirth or lactation and mental disturbance. All we can safely say is that the physiological and psychological stresses of childbirth may trigger various psychoses or neuroses previously latent, that the period immediately following childbirth is when a woman is most likely to commit homicide, and that the most likely victim will be the new-born child.

If childbirth aggravates previously latent problems rather than itself creating mental disturbance, then our current infanticide law would seem too limited in scope. As has been frequently observed,[184] many stresses affecting a new mother may persist beyond the year following childbirth (a newly-born child is defined in section 2 as under the age of one year). Certain related stresses may affect the father as well as the mother. Any of these stresses may lead to killing a child other than a new-born baby. Although the inclusion of the special offence of infanticide may be based on sympathy for women who kill their new-born babies, sympathy which is evidenced by the jury refusal to convict such women of murder,[185] medical evidence no longer justifies restricting such special treatment for these defendants only while denying it to fathers acting under related stresses, or to mothers who kill children over one year old or children other than the one whose birth triggered the psychosis or neurosis. In other words, there would be greater justification for a more general defence involving mental disturbance in such circumstances.

Another reason militating against any need for an infanticide provision relates to case-law developments on mental disturbance and *mens rea* in homicide. Most appeal courts in Canada[186] would now look at mental disturbance which falls short of section 16 insanity as nonetheless preventing a defendant from forming a specific intent to kill and so from actually committing murder.[187] This being so, in appropriate circumstances women accused of murdering their new-born babies could be acquitted of murder on this ground and convicted instead of the included offence of manslaughter.

Still more unnecessary would it become under our proposed scheme to have a special offence of infanticide. In the first place, given a flexible penalty for "intentional" homicide, the stress affecting a defendant in such cases could be taken into account in sentence as a mitigating factor. Secondly, with a rule like that suggested in Alternative (2) of section 5 of the Draft Legislation on the General Part in Working Paper 29, such a defendant could have a defence of mental disorder. This defence, being wider than the existing defence of insanity, would be open to anyone proving that as a result of disease or defect of the mind she lacked substantial capacity either to appreciate the nature, consequences or moral wrongfulness of her conduct or to conform to the requirements of the law. In short, her diminished responsibility could be taken into consideration at two stages of the trial.

A possible objection to the recommended scheme is that of once again subjecting women in such circumstances to the trauma of an "intentional" homicide trial. In answer we would agree first that it is better for defendants suffering from what is really diminished responsibility to be acquitted and then subjected to special treatment for mental disorder than to be convicted and subjected to a possible prison term. But we would also point out that, in any event, the infanticide section is infrequently used. In 1981 only three actual infanticide offences were reported by Statistics Canada, only one charge was brought and there was no conviction.[188] Since 1974, the number of infanticides reported per year has generally not exceeded five. If a conviction results, it is often of a lesser offence such as failure to provide necessaries.[189] Nor have we any reason to expect that any change in this regard would follow from the alteration of the law that we propose.

For all these reasons — to allow greater flexibility, to better tailor justice to the individual case, and to rid the law of complex rules on provocation and infanticide — we think there should be no fixed penalty for second degree "intentional" homicide.

RECOMMENDATION

11. There should be two degrees of "intentional" homicide, and the second degree offence should carry merely a maximum penalty of life imprisonment.

VIII. Degrees of Intentional Homicide

Finally, should there be only one single crime of intentional homicide with one penalty? Or should there be different degrees, with a higher penalty reserved for intentional homicide in the first degree?

In Canada the present distinction between the two degrees of murder is drawn by section 214. According to this section, first degree murder covers murders which are:

(1) planned and deliberate;

(2) done for payment, and so forth;

(3) done to special types of victims, for example, police officers;

(4) done in the course of certain offences, for instance, hijacking aircraft; and

(5) done by a previously convicted murderer.

Arguments could be raised, however, against such a distinction and in favour of the older common law approach of having no degrees of murder. First, one single crime of murder and one punishment is the rule throughout the history and tradition of our law; degrees of murder are a recent innovation. Second, killing is killing — an absolute evil which does not admit of degrees. Third, to have one single crime gives simpler law and surely "if there is any case in which the law should speak plainly, without sophism or evasion, it is in the case of murder."[190]

This third argument seems borne out by our present law. For clearly section 214 is far less clear and simple than it ought to be. That section itself, the classifying section, is piggy-backed on sections 212 and 213. These in their turn, the sections distinguishing murder from other homicides, are piggy-backed on section 205, which defines culpable homicide. In consequence, we end up with a murder law which is intricate, hard to remember, and notoriously difficult to explain to juries.[191]

In addition there is considerable difficulty with the actual distinctions. Take the distinction drawn by subsection 214(2) between planned and deliberate murders and other murders.[192] On the one hand, whenever an offender means to kill, it may be argued that the killing is planned and deliberate for, as was aptly said, premeditated means not done by afterthought.[193] On the other hand, whenever such an offender is provoked, even though not by provocation reducing murder to manslaughter, it may be argued that the killing is not planned and deliberate.[194]

As well, there is a lack of rationale in the law. Subsection 214(5) provides that, whether planned and deliberate or not, murder is first degree murder when committed in the course of certain listed offences.[195] It is curious that the list there given is considerably shorter than that given in section 213 which makes killing murder if done in the commission of certain specified offences.[196] Inspection and comparison of the two lists, however, reveal no organizing principle in either of them and no rationale for the difference between them.

All this imposes a considerable burden on both judge and jury. It compels much time and effort to be spent examining, as matters of law, questions which are in essence matters of fact to be decided on the evidence.[197] It also leads inevitably to jury involvement in the sentencing process — a process from which, we recommended in Report No. 16, the jury should be excluded.[198]

As against all this, much can be said in favour of degrees of murder. First, it is admitted that common law knew only one single crime of murder, but at common law it must be remembered the punishment for murder was death. There could not, therefore, be an aggravated form of murder. By contrast, degrees were introduced to restrict the death penalty to the worst kinds of murder but survived the abolition of capital punishment to single out the worse types of murder.

Second, although we admit that a single crime of murder means a simpler law and although also our present provisions on degrees of murder are highly complex, a classification into degrees of murder does not have to be as complicated as it is under our *Code*. This is discussed further below.

Third, while it is true that murder is murder whatever the offender's motive, common sense sees some murders as worse than others. Murder in cold blood, for instance, is worse than murder in the heat of a quarrel. A contract killing is worse than a killing by a jealous wife or husband. A fatal shooting by a hijacker is worse than a mercy killing by a sympathetic doctor.

Now such considerations and such common sense intuitions are the underpinnings of section 214 of the present *Code*. As outlined earlier, that section deliberately picks out for condign punishment cold-blooded (that is, planned and deliberate) murders, contract killings (pursuant to an arrangement under which money … passes), hijacking killings (while committing an offence under section 76.1 — hijacking an aircraft), and repeated murder (that is, by a person previously convicted of murder). In doing so, section 214 appears in line with ordinary moral notions.

Closer inspection, though, shows section 214 to be not on all fours with ordinary intuitions, since it regards some killings as more and some as less heinous than they are ordinarily thought to be. "Planned and deliberate," for instance, focuses on premeditation and execution in cold blood; it rightly singles out such killings done for gain, but wrongly covers mercy killings which, though done with the victim's consent and with no evil motive, will nonetheless be planned. Murder "of a police officer, etc." rightly acknowledges that law enforcers need special protection but wrongly sets more value on one person's life than on another's. Murder "in the course of other offences" rightly underlines the heinousness of hijack killings, for example, but wrongly puts them on a different footing than other acts of terrorism (for example, those done in ships and trains and buildings). Murder by a person "previously convicted of … murder," rightly recognizes the extra blame attaching to recidivism but wrongly sees the victim's death as less abhorrent if the killer has not killed before.

Clearly, the law expressed in section 214 has not been based upon any well-determined principle or rationale. To find such a principle, let us inquire what murders stand out as worse than others. Obviously these would include murder for gain, revenge or other evil motive (for example, to get rid of a rival or a witness), murder as a means of perpetrating some further crime, contract killings and murder as an act of terrorism.

What all these have in common is the murderer's deliberate subordination of the victim's life to his own purpose. Deliberateness, although essential, is not sufficient, for surely mercy killing is deliberate and yet not one of the more heinous murders. The extra factor that is needed is the contempt for life shown in the above examples of particularly evil killings.

In our view, a categorization of intentional homicide, based on this kind of principle, would rid the law of many of its present deficiencies. It would produce a far simpler rule to explain to the jury. It would be more in line with our ordinary thinking about murder. And it would also reassure citizens worried about the protection of society that really heinous murderers would be treated as such by the law.

In these circumstances we recommend a categorization on the lines of the principle outlined above. This principle is soundly in keeping with ordinary morality. It is in accordance with the needs of social policy. And it is one which in our view would receive with public support.

A rule drafted on these lines would articulate in a more principled fashion the basic thrust of section 214 of the present *Code*. We envisaged such a rule as covering planned and deliberate killings other than mercy killings, which do not involve deliberate subordination of the victim's life to the killer's own purpose. In particular, it would cover:

(a) contract killings;

(b) killings for pecuniary gain, for example, for robbery, theft or inheritance purposes;

(c) killings for personal advantage, for example, killing a police officer, prison officer or other person to escape capture or detection;

(d) killings for political motives, for example, terrorist killings, assassinations, and so forth; and

(e) repeated intentional killings where the repetition manifests contempt for human life.

At the same time the rule would exclude some of the things presently included under section 214. It would exclude killing which was planned and deliberate but not a deliberate subordination of the victim's life to the offender's purpose, for instance, mercy killing. It would exclude repeated killings where the repetition did not manifest a clear contempt for human life. And it would also exclude all killings which are not really planned and deliberate, for example, killings in the course of fights, killing by a jealous spouse, and so forth, which are now second degree murders. These, together with other killings which are now included under voluntary manslaughter, would all, on this rule, count as second degree intentional homicide.

How such a rule could best be formulated is a matter for further exploration, discussion and consultation. In our view, any such rule should include and exclude the matters mentioned above, but there may well be certain other things that should be included and excluded and it may be that some of the things we have detailed will turn out on further reflection not to warrant inclusion or exclusion as we suggest. Preliminary consultations on homicide have pursuaded us, against our initial thinking, that degrees ought to be retained. Likewise, further consultation may alter our views as to what should be included under first degree and may then sharpen up our grasp of the principle and of our notion of the rule which should articulate it.

In due course, a rule could be drafted with more certainty to articulate the underlying principle. One thing impressed on us by our consultations on homicide was the need for certainty in this particular matter. Of course, as Dixon J. observed in *R. v. Leary*,[199] criminal law in general should be characterized by clarity, simplicity, and certainty. But, as our consultants emphasized, in no area is certainty at more of a premium than in this one, where we are concerned with the most important of all crimes, the most important category of that crime.

Finally, it should be noted there is no recommendation as to the precise minimum sentence for first degree intentional homicide. The length of that minimum sentence would obviously depend on the sentencing policy of the entire new *Code*. If, for example, contrary to our recommendation, second degree "intentional" homicide itself ended up carrying a minimum penalty say of ten years, then clearly first degree would need a higher minimum penalty. If on the other hand, second degree were to carry no such minimum penalty, and if the maximum sentence for other related offences against the person were considerably reduced from what they are at present, then the minimum sentence for first degree intentional homicide could be lower than at present. For this reason, this Working Paper and this particular Chapter of it have concentrated rather on matters of definition.

RECOMMENDATION

12.   The first degree offence should carry a minimum penalty and be defined in principle as comprising intentional homicide involving deliberate subordination of the victim's life to the offender's purpose.

Summary of Recommendations

1. Homicide should no longer be classified as culpable and non-culpable — section 205 to be deleted.

2. The specific duty sections should be replaced by provisions in the General Part — sections 197 to 199 to be deleted and a General Part section to be substituted.

3. The specific causation sections should be replaced by a general provision in the General Part — paragraphs 205(5)(c) and (d), subsection 205(6), sections 207 to 211 to be deleted and a General Part section to be substituted.

4. As under present law, only victims already born should qualify as potential victims of homicide offences, but this should be formulated straightforwardly and not by an artificial restriction on the expression "human being."

5. No definition of death should be included, on the understanding that the definition recommended in Report 15, *Criteria for the Determination of Death*, would be included in the *Interpretation Act*.

6. "Intentional" homicide should apply only to killings done with actual intent to kill and cases of constructive intent should be excluded from this category.

7. "Intentional" homicide should apply only to killings done with actual intention and cases of reckless killing should be excluded from this category.

8. "Reckless" homicide should be restricted to reckless killing, that is, causing death by knowingly exposing another to serious and socially unacceptable risk of death.

9. If there is an offence of "negligent" homicide, it should carry a lower penalty than "reckless" homicide.

10. "Reckless" homicide should carry a lower penalty than intentional homicide.

11. There should be two degrees of "intentional" homicide, and the second degree offence should carry merely a maximum penalty of life imprisonment.

12. The first degree offence should carry a minimum penalty and be defined in principle as comprising intentional homicide involving deliberate subordination of the victim's life to the offender's purpose.

Proposed Law of Homicide

Accordingly, we would envisage that in a restructured code, the law of homicide would be dealt with as follows. First, no distinctions would be drawn between culpable and non-culpable homicide. To cause another person's death would always be an offence if done intentionally, recklessly or with criminal negligence, in the absence of a lawful excuse or justification. Such excuses and justifications are set out in the General Part.

Second, no special sections on duties would be incorporated in the homicide provisions. Instead they would be located in the General Part. They would, we envisage, be very similar to the present provisions.

Third, no special causation sections would be incorporated in the homicide provisions. Instead a general causation rule would be included in the General Part. This would focus on the expectedness or unexpectedness of intervening acts and occurrences as outlined above.

There should be no reference in the *Code* to the irrelevance of the victim's consent.

The definition of death, it is envisaged, would appear in the *Interpretation Act*.

Accordingly, the homicide provisions could then be re-drafted as follows.

Suggested Draft Homicide Chapter

Homicide

Definition

1. For the purpose of the following sections the words "another" and "some other" apply only to persons already born.

Definition

2. In this context "born" means having completely proceeded in a living state from the body of the mother.

Intentional
first degree

3. Everyone commits intentional homicide in the first degree who kills another meaning to kill a person other than himself (or knowing for virtually certain that his conduct will do so) and in so doing deliberately subordinates the intended victim's life to his own purpose.

Intentional
second degree

4. Everyone commits intentional homicide in the second degree who kills another meaning to kill a person other than himself (or knowing for virtually certain that his conduct will do so).

Reckless
homicide

5. Everyone commits reckless homicide who kills another through knowingly exposing a person other than himself to a substantial and socially unacceptable risk of death.

Penalties.

Intentional
first degree

6. (1) Everyone who commits intentional homicide in the first degree is liable to a minimum penalty of imprisonment for .... and a maximum penalty of imprisonment for ....

89

Intentional
second degree

(2) Everyone who commits intentional homicide in the second degree is liable to a maximum penalty of imprisonment for ....

Reckless
homicide

(3) Everyone who commits reckless homicide is liable to a maximum penalty of imprisonment for ....

Commentary

Section 1

This section restricts homicide to the same extent as is done by the present *Code* but more straightforwardly.

Section 2

"born" is given its common law definition, which is in fact the basis for subsection 206(1) of the present *Code*.

Sections 3 and 4

"*meaning*" is taken from the present *Code* and applies to direct intent.

"*knowing for virtually certain ...*" applies to cases of indirect intent: for example, D destroys an aircraft, not in order to kill those on it, but to defraud his insurance, but he knows that the destruction will cause their deaths.

"*to kill a person other than himself.*" On the one hand, the death intended must be that of some person other than the offender himself, for suicide is no longer a crime. On the other hand, the death intended need not be that of the actual victim. The phrasing in the section, however, retains the transferred malice principle presently spelled out in paragraph 212(*b*). It is intended that reckless homicide will be an included offence to a charge of murder. This has not been drafted here. Rather, it has been left for the moment as being a matter of procedure.

"knowingly." This entails a subjective requirement. The offender himself must know of the risk being disregarded; he must know that there is a risk, that it is a risk of death and that it is one he is disregarding. Given, however, the impossibility of seeing into another person's mind and so of knowing for certain what was known to any particular offender, the trier of fact may reasonably infer (in the absence of any admission by the offender himself) that a risk was known to him if it would have been known to any ordinary person in his position. If an ordinary person would have known of it, then surely the defendant *must* have known of it.

There are then four possible situations:

(1) The offender knew of the risk — he admits as much. There is a clear case of subjective recklessness.

(2) The offender claims not to have known of the risk and the trier of fact is left in reasonable doubt on the question. Here the Crown cannot satisfy the legal burden of proving subjective recklessness.

(3) The offender claims not to have known of the risk but because any ordinary person in his position would have known of it, the trier of fact infers that he too knew of it. Here is a case of subjective recklessness inferred from objective evidentiary criteria.

(4) The offender claims not to have known of the risk and the trier of fact concludes that this lack of knowledge could only arise from the offender's deliberate refusal to inform himself. In this situation wilful blindness qualifies as knowledge — (see Working Paper 29, *The General Part*, section 9 on Mistake of Fact). Here, then, is a case of imputed recklessness.

"*substantial and socially unacceptable risk*". Three factors are relevant: (1) the social utility of the activity involving the risk, (2) the magnitude of the probability of the harm risked and (3) the gravity of the harm itself.

First, the social utility of the activity. Here two things can be said: (1) if the conduct involving the risk can be brought under a justification contained in the General Part or elsewhere, then taking the risk is justified; (2) if the activity in question is accepted as

92

having social utility, then again the risk-taking is justified. Which activities are accepted as having social utility, however, should not be set out in a criminal code. For one thing, the categories of such activities are too numerous for detailed specification in legislation; they include medical treatment, scientific experiment, manufacturing, transportation, sport and many other things. For another thing, the notion of what is sociably useful changes in a changing society and should not be frozen, therefore, in a code drawn up at one particular point in time.

Second, the magnitude of the probability of the harm risked. The greater the probability, the less permissible the risk, and vice versa. This of course will fall to be determined on the evidence.

Third and finally, the gravity of the harm risked. The graver the harm, the less permissible the risk, and vice versa. So a high degree of risk of minor harm may be as permissible or impermissible as a lower degree of risk of major harm — slight risk of serious harm may be as impermissible as serious risk of slight harm. Here, however, the risk is death, which is obviously a serious harm.

Endnotes

1. George P. Fletcher, *Rethinking Criminal Law* (Boston: Little, Brown and Co., 1978), at 341.

2. See English statutes: *The Homicide Act, 1957*, c. 11, s. 5 to 12; *Murder (Abolition of Death Penalty) Act 1965*, c. 71, s. 21; See Canadian statutes: *An Act respecting the Criminal Law 1953-54*, c. 51 s. 206; *Criminal Law Amendment Act (No. 2), 1976*, S.C. 1974-75-76, vol. II, c. 105, s. 5.

3. Turner, "The Mental Element in Crimes at Common Law," in *Modern Approach to Criminal Law* (L. Radzinowicz and J. W. C. Turner, eds., 1948).

4. Law Reform Commission of Canada, *The General Part: Liability and Defences* [Working Paper 29] (Ottawa: Supply and Services, 1982), 22-26.

5. In fact, many cases of homicide involve the legal rules of participation. The Law Reform Commission is presently undertaking a study on the subject of secondary liability.

6. These defences are dealt with in Working Paper 29, *supra*, note 4. Their special relevance to the present topic, self-defense, is discussed in the text on pages 70-71; and provocation is discussed on pages 72-74.

7. See J. C. Smith and Brian Hogan, *Criminal Law*, 3rd ed. (London: Butterworths, 1973); Sir William Blackstone, *Commentaries on the Laws of England* (Oxford: Clarendon Press, 1769); Sir James Fitzjames Stephen, *A History of the Criminal Law of England* (1883, reprinted New York: Burt, 1964), vol. 3: *Russell on Crime*, 12th ed., by J. W. Cecil Turner (London: Stevens, 1964), vol.1.

8. For more details on the subject of homicide in common law see: Stephen, *supra*, note 7. *Kenny's Outlines of Criminal Law*, 19th ed. by J. W. Cecil Turner (Cambridge: Cambridge University Press,

1966), 130-98; Leon Radzinowicz, *A History of English Criminal Law from 1750* (London: Stevens, 1948), vol. 1, (1956) vol. 2.

9. Stephen, *id.*, 40.

10. *Id.*, 40-41.

11. *Id.*, at 41.

12. *Id.*, at 44.

13. *Id.*, 44.

14. *Id.*, at 44.

15. *Id.*, at 80.

16. Blackstone, *supra*, note 7, vol. 4, 190-92.

17. *Id.*, at 192.

18. Smith and Hogan, *supra*, note 7, 245-59.

19. *An Act Respecting the Criminal Law (1892)*, 55 & 56 Vict., c. 29.

20. Stephen, *supra*, note 7, at 300. For Stephen:

    [T]he *India Penal Code* may be described as the Criminal Law of England freed from all technicalities and superfluities, systematically arranged and modified in some few particulars (they are surprisingly few) to suit the circumstances of British India.

21. Friedland, "R. S. Wright's Model Criminal Code: A Forgotten Chapter in the History of the Criminal Law" (1981), 1 *Oxford Journal of Legal Studies* 307, pages 334, and 337-338.

    The Jamaica Legislative Council passed both the Codes of Criminal Law and the Code of Procedure (without any opposition), as requested by the Colonial Office. Jamaica telegraphed the Colonial Office on January 21, 1879: "Two codes through Committee." But they were never brought into force in Jamaica. This required the approval of the Colonial Office and the Colonial Office was starting to get cold feet.

    The Colonial Office had greater success in other West Indian Colonies. The Code was brought into force in British

Honduras, and later in Tobago. Then St. Lucia's Chief Justice prepared a Code for that Island based partly on Wright's and partly on the Commissioners' Code, apparently taking the view, perhaps influenced by events in Jamaica, that "it may be better to follow rather than to lead 'the Mother Country'." But the Colonial Office took a firm line, Lord Kimberley sending a dispatch stating: "I request therefore that, unless you see any strong objection, you will cause a draft Ordinance (to be drawn in the form of the British Honduras Criminal Code." St. Lucia complied with this request and, when the Chief Justice was later transferred to British Guiana, Wright's Code was adopted there as well.

The Jamaica Code was adopted in the Gold Coast in 1892, but, as it turned out, nowhere else in Africa.

22. Cross, "The Making of English Criminal Law: 6 Sir James Fitzjames Stephen," [1978] *Crim. L.R.* 652 (657).

23. *Crimes Act* (1961) (N.Z.), No. 43 as amended.

24. *Criminal Code Act* (1899) (Qld.), 63 Vict. #9, 1st schedule.

25. *Criminal Code Act Compilation Act* (1913) (W.A.), Appendix B, schedule.

26. *Criminal Code Act* (1924) (TAS.), 1st schedule.

27. *Supra*, note 19.

28. Stephen, *supra*, note 7, at 347.

29. Sir Stephen James Fitzjames, *A Digest of the Criminal Law (Crimes and Punishments)* (London: MacMillan, 1877). Stephen writes that:

> In 1874 a Bill for the Codification of the Law of Homicide, drawn by me, was introduced into Parliament by the Recorder of London, and was referred to a Select Committee. The Appendix to the report of the Committee contains a memorandum by the Lord Chief Justice of England, in which he said: "I object to this bill, in the first place, as being a partial and imperfect attempt at codification."
>
> Though a strong supporter of codification, and deeply regretting that the law of England should be suffered to remain in its present state of confusion, arising from its being partly unwritten and partly in statutes so imperfectly drawns as to be almost worse than unwritten law, I think that any attempt at

codification which is either partial or incomplete can only be productive of confusion and mischief. I object to the present bill as labouring under both these defects.

The law relating to homicide forms only part of the law relating to offences against the person, while this, again, forms only a part of the Criminal Law in general.

Many of the principles applicable to the branch now in question are common to the whole body of the Criminal Law. If introduced into the partial exposition of the law, they unnecessarily augment the bulk of the statute; if omitted, a question arises as to whether the omission is not intentional with a view to the exclusion of the principle or rule in the particular branch or department; and the more marked, of course, the effect of the omission.

30. *Id.*, at 83.

31. Stephen, *supra*, note 7, at 347.

32. *Id.*, at 347.

33. In the Report of the Royal Commission on the Revision of the Criminal Code, at page 6, the Commissioners state:

The *Criminal Code* was first enacted in 1892 and was founded largely upon the draft prepared in 1878 by the Commissioners appointed by the Imperial Government for the purpose of drafting a Code of the English criminal law, and also upon Stephen's Digest of the criminal law. Since that time amendments and additions have been at nearly every session of Parliament.

34. D. R. Stuart, *Canadian Criminal Law* (Toronto: Carswell, 1982), 451-452; *Royal Commission on Capital Punishment*, 1949-1953, paras. 155-62; *Martin's Criminal Code, 1955, infra*, note 35, 392-394.

35. Stuart, *Id.*, at 205; *Martin's Criminal Code, 1955* (Toronto: Cartwright, 1955), at 370.

36. *An Act to Amend the* Criminal Code *(Capital Murder)* S.C. 1960-61, c. 44, s. 1.

37. *Criminal Law Amendment Act (No. 2), 1976*, S.C. 1974-75-76, c. 105, ss. 4 and 5.

38. In the Study Paper: *Towards a Codification of Canadian Criminal Law* (Ottawa: Information Canada, 1976), the Law Reform Commission of Canada states that "codification" is a confusing term because it often has been used to mean different things or to cover different situations. Sometimes it means the compilation or the rearrangement of disparate laws and regulations. Sometimes it denotes a basic piece of legislation as is the case in civil law countries. In Canada, the *Criminal Code*, the first written formulation of Canadian common law, is an example of the former type of "codification." And further on, at page 42, it mentions that:

> [T]he new *Code* must be exhaustive in its statement of principles and rules of general application. It could contain a General Part, a Special Part, and basic principles of procedure, evidence and sentencing.
>
> General principles belong in the General Part, as do rules of general application. The Special Part should contain the rules of special application, particularly those regarding offences, though not all existing rules have to be stated in the *Code* itself. Some of them can exist outside the *Code* as part of specific statutes, but will nevertheless be subject to the principles and rules of the *Code* unless a contrary intention is clearly expressed.

39. See *supra*, note 4, at 159-160.

40. Turner, *supra*, note 7, at 426-27.

41. Glanville Williams, *Textbook of Criminal Law* (London: Stevens and Sons, 1978). At page 325, Williams questions the requirement that the death must follow within a year and a day and replies that:

> In origin the rule was perhaps dictated by the desire to limit the difficult problems of causation. When medical science was rudimentary, and life itself was far more uncertain than now, a victim who lingered for more than a year after the blow before dying could not be said with full assurance to have died as a result of the blow; at any rate, the rule saved awkward medical questions from arising. At the present day it is much less needed.

42. Stuart, *supra*, note 34. At page 228, Stuart mentions that:

> [S]urely legislative intervention is needed to make homicide laws more simple, appropriate and workable. Our homicide laws are at present perhaps the most obscure, technical and unsatisfactory areas of the criminal law. The statutory defini-

tions are tortuous and elaborated by often contradictory judge-made law.

43. See *supra*, note 4, at 3-4, 159-60.

44. For example see: 1) Common nuisance — *Criminal Code*, R.S.C. 1970, c. C-34, s. 176; 2) Causing bodily harm by criminal negligence — *Criminal Code*, R.S.C. 1970, c. C-34, s. 204; 3) Causing unnecessary suffering — *Criminal Code*, R.S.C. 1970, c. C-34, s. 402.

45. For *Criminal Code*, R.S.C. 1970, c. C-34, s. 211, see: s. 223, S.C. (1892) c. 29; s. 255, S.C. (1906); s. 255, R.S.C. (1927); s. 200, S.C. c.(1953-54) c. 51; For subsection 205(5) of the *Criminal Code* see: s. 220, S.C. (1892) c. 29; s. 252, S.C. (1906); s. 252, R.S.C. (1927).

46. Smith and Hogan, *supra*, note 7, at 214. For *Criminal Code*, R.S.C. 1970, c. C-34, s. 209, see: s. 224, S.C. (1892) c. 29; s. 256, S.C. (1906); s. 256, R.S.C. (1927); s. 199, S.C. (1953-54) c. 51. For *Criminal Code*, R.S.C. 1970, c. C-34, s. 210, see: s. 222, S.C. (1892) c. 29; s. 254 (1906-1927); s. 198 S.C. (1953-54) c. 51.

47. For further details see: A. W. Mewett and M. Manning, *Criminal Law* (Toronto: Butterworths, 1978), 71-77, 451-7; Smith and Hogan, *supra*, note 7 at 214-33; Stuart, *supra*, note 34, at 98-100, 200-06; Turner, *supra*, note 7, at 399-427; Turner, *supra*, note 8, at 132-139, 188-194.

48. Omissions resulting in death can be regarded as either murder or manslaughter depending on the fault element. In practice, charges are rarely brought, and even if a charge of murder technically might succeed to the indictment is more likely to be for manslaughter. Criminal liability implies an *actus reus* on the part of the accused. Mere inactivity forms no ground for criminal liability. In criminal law, as in tort law, "not doing is no trespass." This general rule, however, admits of exceptions in that where such inactivity amounts to an omission, there may be liability. In this context "omission" means a failure to do what is required by law. Such a requirement may arise in three ways. The law may specifically provide that it is an offence to fail to do a certain act, *e.g.* to stop and identify oneself after a motor accident (*Criminal Code*, R.S.C. 1970, c. C-34, s. 233(2)). It may make a more general provision, *e.g.* that every one undertaking to perform an act must do it if its omission would endanger life (*Criminal Code*, R.S.C. 1970, c. C-34, ss. 199 and 202). Or it may, like common sense, regard a wrongful omission as a way of committing a wrongful act: *e.g.* in *Fagan* v.

Commissioner of Metropolitan Police, [1978] failure to remove a motor car from a police officer's foot when so requested was regarded as a positive act of keeping the car on the policeman's foot — an act amounting to assault.

49. Fitzgerald, *Acting and Refraining Analyses* (1967), vol. 27, 133-39.

50. Through the influence of Sir James Stephen, the Canadian *Criminal Code* limits criminal responsibility for omissions to cases where there is a legal, not merely a moral, duty to act.

    Under our present *Code* there is no general section on criminal responsibility for omissions. The conventional approach is implicit in the specification in the *Code* of a number of duties to act. Bearing in mind section 8's prohibition against resorting to common law offences, it would seem criminal responsibility for omissions can only arise if: 1) the offence definition includes omissions and 2) there is a legal duty to act which can arise either by common law or by law: *R. v. Fortin* (1957), 121 C.C.C. 345 (N.B. C.A.); *R. v. Coyne*, 124 C.C.C. 176 (N.B. C.A.).

51. *Report* of the Royal Commission on the Revision of the Criminal Code (Ottawa: Queen's Printer, 1954), at page 12.

52. *R. v. Prue and Baril* (1979), 2 S.C.R. 547 (548), (1979) 46 C.C.C. (2d) 257.

53. See section 2 of the *Charter of Human Rights and Freedoms* (R.S.Q.) c. C-12 and *R. v. Alain Fortier*, November 17, 1980, File No. 500-01-00501-805, *Superior Court*, Longueuil, Qué.

54. *R. v. Boggs* (1981), 1 S.C.R. 49.

55. For example, see: *Criminal Code*, R.S.C. 1970, c. C-34, s. 392, defining setting a fire by negligence.

56. Williams, *supra*, note 41, at 233; Turner, *supra*, note 7, at 400-412.

57. *R. v. Aldergrove Competition Motorcycle Association and Levy* (1983), 69 C.C.C. (2d) 183.

58. For example, causing bodily harm by criminal negligence: *Criminal Code*, R.S.C. 1970, c. C-34, s. 202; see also for example, duty of care re explosive: *Criminal Code*, R.S.C. 1970, c. C-34. s. 78.

59. Law Reform Commission of Canada, *Euthanasia, Aiding Suicide and Cessation of Treatment* [Report 20] (Ottawa: Supply and Services, 1983), at p. 33.

60. For additional details or literature on the subject, refer to Mewett and Manning, *supra*, note 47, 71-77; Stuart, *supra*, note 34, 97-111; Williams, *supra*, note 41, 325-348; Williams, "Causation in Homicide" (1957), *Crim. L.R.* 431.

61. In terms of causation, the new intervening act (*novus actus interveniens*) of a responsible actor, that is, the intervention of a responsible actor who has full knowledge of what he is doing, and who is not subject to pressure, intimidation or mistake, will normally operate to relieve the accused of liability for a further consequence.

62. In England, the judges have considered the possibility of an intervening cause arising in the form of a medical maltreatment. In *Jordan* (1956), 40 Cr. App. R 152 (C.C.A.), the accused had been convicted of murder and sentenced to death upon evidence that he stabbed the victim in a café brawl. The conviction was set aside on appeal because, while the victim was in hospital after being stitched up and after his wounds had mainly healed, an antibiotic to which the victim was intolerant was administered and the victim died. In this case, the "act" of the accused had ceased to be a major factor, since the wounds had practically healed and they could not, therefore, be attributed to the stabbing. In contrast, in *Smith*, [1959] 2 Q.B. 35, the court upheld the accused's conviction for murder on the ground that the original cause was still continuing and was not interrupted by subsequent events — the accused had inflicted two bayonet wounds to the victim, but on the way to the hospital, he was dropped twice and at the hospital he was given the wrong treatment.

Had cases such as *Jordan* and *Smith* arisen in Canada, it seems that sections 207 and 208 of the *Criminal Code* would result in the accused being found to have caused the deaths of their respective victims.

63. This principle may not necessarily apply, however, where the unexpected event is not an intervening one but rather an already-existing condition. For example, in the classic "eggshell skull" case where D assaults V, who, unknown to D, has an eggshell skull. V falls and hits his head on the ground, and death results. There are two possible common sense conclusions: (1) D causes V's death because he takes his victim as he finds him, and (2) D does not

really cause V's death — death is due rather to V's unusual and unforeseen condition. In ordinary practice, then, and, it may be argued, also in our law, this kind of problem has no clear solution.

Similarly, this principle may not apply where the original act sets the stage for an unanticipated intervening event and both events contribute substantially to the cause of death. For example, D stabs V in the chest, seriously injuring him. V is placed in an ambulance to be rushed to the hospital for emergency care. On the way to the hospital, the ambulance collides with a truck and a shaft of steel is embedded in V's chest. V dies from a combination of shock and loss of blood. Even if the intervening event were not reasonably foreseeable, it may be argued that D's act is a cause of death because it remains a substantial contributing cause.

64. Law Reform Commission of Canada, *Criteria for the Determination of Death* [Report 15] (Ottawa: Supply and Services, 1981), 11-24. See *R. v. Kitchling and Adams* (1976), 6 W.W.R. 696 (Man. C.A.).

65. Coke, *The Third and Fourth Parts of the Institutes of the Laws of England* (London: Garland Publishing, 1979), at 47.

66. Suicide was, at common law, a felonious homicide and was often termed "self-murder." The law was changed by the *Suicide Act 1961* which enacted that "the rule of law whereby it is a crime for a person to commit suicide is hereby abrogated." Thus, it is no longer a crime to attempt suicide. Killing by consent, in contrast to abetting suicide, is still murder.

67. The crime of "attempt to commit suicide" contained in section 225 of the *Criminal Code* was repealed by the *Criminal Law Amendment Act, 1972*, S.C. 1972, c. 13, s. 16.

68. The law regarding the "consent to death" is contained in *Criminal Code*, R.S.C. 1970, c. C-34, s. 14, which reads as follows:

    No person is entitled to consent to have death inflicted upon him, and such consent does not affect the criminal responsibility of any person by whom death may be inflicted upon the person by whom consent is given. 1953-54, *c.* 51, *s.* 14.

69. The classic definition of homicide requires the victim to be *in rerum natura* or "in being" which means that he must be completely born. Williams, *supra*, note 41, 249.

70. Coke, *supra*, note 65, at 48.

71. *Mewett and Manning, supra*, note 47, 452-3.

72. Under section 251 of the *Criminal Code*, it is not the actual procuring of a miscarriage that is an offence, but the doing of an act or the use of some means with intent to procure the miscarriage. Whether the act or means are successful is not material: *Larivière* v. *Queen* (1957), 119 C.C.C. 160 (Qué. C.A.).

73. *R.* v. *Marsh* (Victoria County Court, No. 7, 1979, No. 52/79). Milward, J. held that a full-term fetus in the very process of being born was a "person" and thus anyone who caused the fetus' death by criminal negligence is liable to conviction under section 203 of the *Criminal Code*.

74. See *supra*, note 59, at 17-18.

75. *Criminal Code*, R.S.C. 1970, c. C-34, ss. 205(4), 212 and 213.

76. *Criminal Code*, R.S.C. 1970, c. C-34, ss. 205(4) and 217.

77. *Andrews* v. *D.P.P.* (1937), A.C. 576 (H.L.); *R.* v. *Bateman* (1925), 94 L.J.K.B. 791.

78. *O'Grady* v. *Sparling* (1960), S.C.R. 804, 33 C.R. 293, 128 C.C.C. 1 , 33 W.W.R. 360, 25 D.L.R. (2d) 145.

79. See text, *supra*, pages 6-7.

80. See text, *supra*, page 6.

81. Turner, *supra*, note 7, at 471.

82. Stephen, *supra*, note 7, vol. 3, 313.

83. See *supra*, note 21, at 46.

84. Stephen, *supra*, note 7, at 80.

85. Turner, *supra*, note 7, at 476-477.

86. *Supra*, note 4.

87. See *supra*, note 79.

88. Hooper, "Some Anomalies and Developments in the Law of Homicide" (1967), 3 *U.B.C. Law Review* 55.

89. *Id.*, at 59-60.

90. *R.* v. *Vasil* (1978), 1 S.C.R. 469 (1981), 58 C.C.C. 97, 113.

91. *R.* v. *Tennant and Naccarato* (1975), 23 C.C.C. (2d) 80, 31 C.R.N.S. 1 (Ont. C.A.); *R.* v. *Quarranta* (1976), 24 C.C.C. 109.

92. See, *supra*, note 90.

93. Hooper, *supra*, note 88, at 62.

94. *Id.*, at 63-64.

95. See, *supra*, note 90, at 116-117.

96. Hooper, *supra*, note 88, at 60.

97. Uglow, "Implied Malice and the Homicide Act 1957" (1983), *Modern Law Review* 164 at 166.

98. Stuart, *supra*, note 34, 214-225; see *Hughes* (1942), S.C.R. 517, 78 C.C.C. 257.

99. Stephen, *supra*, note 7, at 83.

100. Hooper, *supra*, note 88, at 55-78.

101. Stephen, *supra*, note 7, at 40; also *supra*, notes 11 and 13.

102. Stuart, *supra*, note 34, at 195-198.

103. *Id.*, at 195-196.

104. See *supra*, note 4, s. 9 at 74.

105. Lanham, "Felony Murder — Ancient and Modern" (1983), 7 *Crim. L.J.* 91.

106. *Id.*, at 93.

107. *Id.*, at 94.

108. *Id.*, at 95-96.

109. *Id.*, at 101.

110. Stuart, *supra*, note 34, at 222-223.

111. See text, page 51 (Reckless Killing).

112. To be completely logical, and base guilt solely on the offender's state of mind, perhaps we should have one offence of "injuring" with different gradations depending on the state of mind with which the injury was inflicted.

113. Stuart, *supra*, note 34, at 223.

114. See *supra*, notes 11 and 13.

115. *Supra*, note 90.

116. Glanville Williams, *Criminal Law — The General Part*, 2nd ed., (London: Stevens and Sons, 1961), at 53.

117. Turner, *supra*, note 3, at 562.

118. *Id.*, at 582-598.

119. *R.* v. *Larkin* (1943), C.B. 174.

120. *R.* v. *Church* (1965), 2 All E.R. 72 (C.C.A.).

121. *R.* v. *Bateman*, *supra*, note 77.

122. *Andrews* v. *D.P.P.*, *supra*, note 77.

123. See *supra*, note 119.

124. See *supra*, note 120.

125. See *supra*, note 91; The approach taken in the *Tennant and Naccarato* case was followed by the Court in *R.* v. *Vasil*, *supra*, note 90.

126. *R.* v. *Cole*, 34 O.R. (2d) 416.

127. See *R.* v. *Maloney* (1976), 28 C.C.C. (2d) 323; *R.* v. *McNamara* (1980), 12 C.R. (32) 210; *R.* v. *Burkholder* (1977), 34 C.C.C. (2d) 214; *R.* v. *Donovan* (1934), 2 K.B. 498.

128. Burns, "An Aspect of Criminal Negligence or How the Minotaur Survived Theseus Who Became lost in the Labyrinth" (1970), 48

Can. B. Rev. 48-65; O'Hearn, "Criminal Negligence: An Analysis in Depth" (1964-65), 7 *Crim. L.Q.* 27; Stuart, "The Need to Codify Clear, Realistic and Honest Measures of *Mens Rea* and Negligence" (1973), 13 *Crim. L.Q.* 160-194.

129. Turner, *supra*, note 3; Glanville Williams, *The Mental Element in Crime* (Jerusalem: Magnes Press, 1965), 54-60.

130. Fitzgerald, *Oxford Essays in Jurisprudence*, 1st ed. (Oxford: A. G. Guest, 1961), chap. 1; Williams, *supra*, note 41, at 68-72; White, "Intention, Purpose, Foresight and Desire" (1976), 92 *L.Q.R.* 569.

131. Smith and Hogan, *supra*, note 7, 252-256; Stuart, *supra*, note 34, at 130-134; Williams, *supra*, note 41, at 68-72.

132. *R. v. Lawrence* (1981), 1 All. E.R. 974.

133. *R. v. Caldwell* (1981), 1 All. E.R. 961.

134. *Smither v. The Queen* (1978), 1 S.C.R. 506; *Arthurs v. The Queen* (1972), 7 C.C.C. (2d) 438; *Leblanc v. The Queen* (1976), 29 C.C.C. (2d) 97.

135. MacLeod and Martin, "Offences and Punishments under the New Criminal Code" (1955), 33 *Can. Bar. Rev.* 20 (29-32); Stuart, *supra*, note 34, at 130-140; *Rex v. Bateman*, *supra*, note 77.

136. For a discussion of the question see: Mewett and Manning, *supra*, note 47, at 100-110; Jacques Fortin and Louise Viau, *Traité de droit pénal général* (Montréal: Thémis, 1982), 114-118.

137. *Arthurs v. The Queen*, *supra*, note 134, at 442-447.

138. *Andrews v. D.P.P.*, *supra*, note 77, at 582.

139. Jerome Hall, *General Principles of Criminal Law*, 2nd ed. (Indianapolis: Bobbs-Merrill, 1960), 105-141.

140. The total number of deaths on roads for 1981 was 5,295. Statistics Canada, Health Division, *Causes of Death* (Cat. No. 84-203) (Ottawa: Supply and Services, 1982). The total number of Canadians who died in World War II was 42,011. (Average per year: 7,002). Walter S. Woods, *Rehabilitation (A Combined Operation)*, Department of Veterans Affairs (Ottawa: Queen's Printer, 1953).

141. *Criminal Code*, R.S.C. 1970, c. C-34, s. 203.

142. Smith and Hogan, *supra*, note 7, at 456-457.

143. *Criminal Law Amendment Act (1968-69)*, c. 38 s. 92.

144. *D.P.P.* v. *Majewsky* (1977), A.C. 443 (H.L.).

145. *R.* v. *Leary* (1978), 1 S.C.R. 29, 33 C.C.C. (2d) 473.

146. Law Reform Commissioner, Victoria, *Intoxication and Criminal Responsibility* (Issues Paper) (Victoria, South Melbourne: The Alcohol and Drug Foundation, 1983), at p. 6.

147. Whether there should be degrees of this crime is discussed beginning on page 67 in this text.

148. It is not the intention of the Law Reform Commission of Canada to study the death penalty in this Working Paper because it was abolished in 1976. For further details see the *Report* of the Royal Commission on Capital Punishment, 1949-1953 (London: HMSO, reprinted 1965), paras. 681-698, 790 (58-9); Morrison, "Criminal Homicide and the Death Penalty in Canada: Time for Reassessment and New Directions — Toward a Typology of Homicide" (1973), 15 *Can. J. Crim.* 367-396; Jayewardene, "Life or Death — Society's Reaction to Murder?" (1973), 15 *Can. J. Crim.* 265-273.

149. Of course, the punishment for high treason is also imprisonment for life: *Criminal Code*, R.S.C. 1970, c. C-34, s. 47.

150. *National Defence Act*, R.S.C. 1970, c. N-4. Section 63, Offences by commanders when in action; s. 64, Offences by any person in presence of enemy; s. 65, Offences related to security; s. 66, Offences related to prisoners of war; s. 68, Spies; s. 69, Mutiny with violence; s. 70, Mutiny without violence; s. 95, Offences in relation to convoys. Every person who is guilty of the above-cited offences, on conviction is liable to suffer death or a lesser punishment.

151. The process of sentencing requires a careful consideration of the aims of sentencing which can be summarized as follows: protection of society, punishment, deterrence, reformation and rehabilitation.

   In order to determine how the aims of sentencing are to be applied in a particular case, the court must consider the relevant factors or circumstances. The most important factors are: the seriousness of the offence, the age of the accused, his prior criminal record and sentences imposed by other courts in similar cases, and finally, the risk that the accused will commit another serious crime during his sentence unless he is imprisoned.

Before sentencing, the court can consider various types of punishment, *i.e.*, absolute and conditional discharge, probation, suspended sentence, intermittent sentence, or imprisonment. The court has some discretion to fine in lieu of other punishment: *Criminal Code*, R.S.C. 1970, c. C-34, ss. 646(1) and (2).

If an accused is convicted of an indictable offence punishable by imprisonment for five years or less, and for which no minimum term of imprisonment is provided, he may be fined in addition to, or in lieu of, any other *punishment*. If a minimum term of imprisonment is prescribed, he may be fined in addition to, but not in lieu of, imprisonment: *Criminal Code*, R.S.C. 1970, c. C-34, s. 646 (1).

If an accused is convicted of an indictable offence punishable with imprisonment for more than five years, he may be fined in addition to, but not in lieu of, any other *punishment*: *Criminal Code*, R.S.C. 1970, c. C-34, s. 646 (2).

152. The *Homicide Act, 1957*, c. 11, s. 5; *Murder (Abolition of Death Penalty) Act 1965*, c. 71.

153. *An Act to Amend the* Criminal Code, S.C. 1967-68, 16-17 Eliz. II, c. 15.

154. *Criminal Law Amendment Act (No. 2), 1976*, S.C. 1974-75-76, vol. 2, c. 105, ss. 4 and 5.

155. *For first degree murder*, the accused will be sentenced immediately to imprisonment for life without eligibility for parole until he has served twenty-five years of his sentences: *Criminal Code*, R.S.C. 1970, c. C-34, s. 669(*a*).

For second degree murder, before discharging the jury, the judge must put to them the question in section 670 of the *Code*: "Do you wish to make any recommendation with respect to the number of years that he must serve before he is eligible for release on parole?" The decision whether the minimum period of non-eligibility for parole is to be increased must, however, be made by the trial judge. In arriving at that decision, the judge is to have regard to (1) the character of the accused, (2) the nature of the offence, (3) the circumstances surrounding the commission of the offence, and (4) any recommendation of the jury: *Criminal Code*, R.S.C. 1970, c. C-34, s. 671.

In imposing sentence, the trial judge will sentence the accused to imprisonment for life without eligibility for parole until he has served at least ten years of his sentence or such greater number of years, not exceeding twenty-five, as the judge sees fit to impose: *Criminal Code*, R.S.C. 1970, c. C-34, s. 669(*b*).

An application for judicial review to determine whether the accused's number of years of imprisonment without eligibility for parole ought to be reduced can be made where the accused has served at least fifteen years of his sentence a) in the case of an accused who has been convicted of first degree murder, b) in the case of an accused convicted of second degree murder who has been sentenced to imprisonment for life without eligibility for parole until he has served more than fifteen years of his sentence.

156. See text, *supra*, pages 55-57.

157. See text, *supra*, pages 53-57.

158. See *supra*, note 4, s. 3, pp. 26-27.

159. See Smith and Hogan, *supra*, note 7, at 205.

160. *Criminal Code*, R.S.C. 1970, c. C-34, s. 669(*b*).

161. Report of the Royal Commission on Capital Punishment, 1949-1953, *supra*, note 148.

162. Fortin and Viau, *supra*, note 136, at 262-264; Stuart, *supra*, note 34, at 447-451; Gold, "Manslaughter and Excessive Self-Defence" (1975), 28 C.R.N.S. 265.

163. Smith and Hogan, *supra*, note 7, at 330.

164. *R.* v. *Brisson* (1982), 29 C.R. (3d) 289 (341); (1982), 69 C.C.C. (2d) 97.

165. See *supra*, note 4, at 101-102.

166. *R.* v. *Howes* (1958), 100 C.L.R. 448 (Aust. H.C.); *Viro* v. *R.* (1978), 52 A.L.J. 416; 18 A.L.R. 257 (H.C.).

167. *Supra*, note 1, at 857-875.

168. *Supra*, note 164.

169. See *supra*, note 4, at 103.

170. See for further details: Bayne, "Automatism and Provocation in Canadian Case Law" (1975), 31 *C.R.N.S.* 257; Bennum, "Provocation — The New Law" (1978), 41 *M.L.R.* 722; Berger, "Provocation and the Involuntary Act" (1967), 12 *McGill L.J.* 303; Fortin and Viau, *supra*, note 136, at 312-317; Marc E. Schiffer, *Mental Disorder and the Criminal Trial Process* (Toronto: Butterworths, 1978), 171-177; Smith and Hogan, *supra*, note 7, at 235-245; Stuart, *supra*, note 34, at 434-445; Williams, *supra*, note 41, at 47-53.

171. At common law, provocation may reduce murder to manslaughter provided that there was an appropriate provocation which caused the prisoner to lose his self-control: see *R.* v. *Hayward* (1833), 6 C.P. 157. In the case of lesser crimes, provocation does not alter the nature of the offence at all, although it is taken into account in sentencing: see *Regina* v. *Cummingham* (1959), 1 Q.B. 288.

172. In Canada provocation as a defence to a charge of murder is governed by *Criminal Code*, R.S.C. 1970, c. C-34, s. 215 (1)(2) and (3). In the case of *R.* v. *Campbell* (1978), 38 C.C.C. (2d) 6 (Ont. C.A.), the Court confirmed that the defence of provocation is not available for any offence other than murder. Mr. Justice Martin, delivering the judgment of the Court, held that the defence of provocation could not reduce a charge of attempted murder to one of attempted manslaughter. In *R.* v. *Doucette, Dongen and McNutt* (1961), 129 C.C.C. 102 (Ont. C.A.), the Court held that provocation would not constitute a defence to a charge of assault, although it should be considered in the mitigation of the offence, and would have a bearing on the sentence or penalty to be imposed.

Not every provocation will partially excuse, only that which is carefully circumscribed by section 215 as provocation under which an ordinary person is temporarily deprived of the power of self-control: see *Parnerkar* v. *The Queen* (1973), 21 C.R.N.S. 129; *The Queen* v. *Faid* (1983), 33 C.R. (3d) 1.

173. In Working Paper 29, *supra*, note 4, the Law Reform Commission of Canada recognizes that there must be a right of self-defence against illegal arrest made knowingly, for this is simply an assault.

174. In *Bedder* v. *D.P.P.* (1954), 2 All. E.R. 801, it was held that the test is the effect of the alleged provocation on the mind of a

reasonable man; this hypothetical reasonable man does not have to be invested with the physical peculiarities of the accused. Williams, in "Provocation and the Reasonable Man" (1954), *Crim. L.R.* 740 at 750, wrote that it was "difficult to see how this test, intelligently understood and applied, can ever give rise to an acquittal of murder." However, in *D.P.P.* v. *Camplin* (1978), 2 All E.R. 168, the House of Lords declared that they were not bound by the *Bedder* ruling. The decisive factor seemed to be that section 3 of the *Homicide Act* of 1957 (5 & 6 Eliz. II, c. 11) now allows words to be evidence of provocation.

175. *R.* v. *Wright* (1969), S.C.R. 335; (1969), 3 C.C.C. 258.

176. *R.* v. *Campbell* (1977), 38 C.C.C. (2d) 6. The Court held that there may be cases where the conduct of the victim, amounting to provocation, produces in the accused a state of excitement, anger or disturbance as a result of which he might not contemplate the consequences of his acts and might not, in fact, intend to bring about those consequences. In such cases provocation operates not so much as a defence. Instead, the victim's conduct is a relevant piece of evidence on the issue of the accused's intent.

177. For more on this subject see: *Martin's Criminal Code, 1955, supra,* note 35, 392-394; Royal Commission on Capital Punishment, 1949-1953, *Report* (London: HMSO, 1953), paras. 155-162; Stuart, *supra,* note 34, at 451; Nigel Walker, *Crime and Insanity in England,* vol. 1, *The Historical Perspective* (Edinburgh: University Press, 1968), 125-137; Glanville Williams, *The Sanctity of Life and the Criminal Law* (London: Faber and Faber, 1958), 25-42.

178. *Criminal Code*, R.S.C. 1970, c. C-34, s. 220.

179. *The Infanticide Act*, 1938 (U.K.) section 1.(1):

> Where a woman by any wilful act or omission causes the death of her child being a child under the age of twelve months, but at the time of the act or omission the balance of her mind was disturbed by reason of her not having fully recovered from the effect of giving birth to the child or by reason of the effect of lactation consequent upon the birth of the child, then, notwithstanding that the circumstances were such that but for this Act the offence would have amounted to murder, she shall be guilty of [an offence], to wit of infanticide, and may for such offence be dealt with and punished as if she had been guilty of the offence of manslaughter of the child.

180. Walker, *supra*, note 177, at 125; Williams, *supra*, note 41, at 39; Smith and Hogan, *supra*, note 7, at 338-339; Stuart, *supra*, note 34, at 452.

181. Mewett and Manning, *supra*, note 47, at 465-466.

182. *R. v. Marchello* (1951), O.W.N. 316 (319); *Martin's Criminal Code, 1955*, *supra*, note 35, 394.

183. Walker, *supra*, note 177, at 125.

184. See *supra*, note 180.

185. Smith and Hogan, *supra*, note 7, at 338.

186. In cases of murder, the courts have allowed mental illness or mental disorder, though falling short of proof of insanity, to negative intent to kill and so to reduce murder to manslaughter. See: *R. v. Blackmore* (1967), 1 C.R.N.S. 286 (N.S. C.A.); *R. v. Mulligan* (1974), 18 C.C.C. (2d) 270 (Ont. C.A.), affirmed [1977] 1 S.C.R. 612; *R. v. Hilton* (1977), 34 C.C.C. (2d) 206 (Ont. C.A.); *R. v. Meloche*, [1975] C.A. 558 (Qué.). More recently, the courts allowed insanity to operate to negative any specific intent required by the definition of an offence. See: *MacDonald v. R.*, [1977] 2 S.C.R. 665; *Rabeay v. R.*, [1980] 2 S.C.R. 513, affirming (1977), 37 C.C.C. (2d) 461 (Ont. C.A.).

187. See Stuart, *supra*, note 34, at 337-342 for an analysis of this trend in the case-law.

188. These statistics are all taken from *Crime and Traffic Enforcement Statistics* (Cat. No. 85-205) and *Homicide Statistics* (Cat. No. 85-209) both published by Statistics Canada.

189. *Criminal Code*, R.S.C. 1970, c. C-34, s. 197.

190. Select Committee of the House of Commons 1874, (315) IX- 47 1 p.r.

191. *R. v. Farrant* (1983), 4 C.C.C. (3d) 354.

192. The phrase "planned and deliberate" was used in 1961 to define capital murder. It was interpreted strictly by the Supreme Court of Canada in *More v. R.* (1963), S.C.R. 522. For the majority, Mr. Justice Cartwright held that "planned and deliberate" connoted separate elements both of which had to be proved. Premeditation

was required for both. The word "deliberate" meant "considered, not impulsive." Interpreting "planned and deliberate" for the purpose of first degree murder, our courts have been content to apply the majority ruling in More. See: *R.* v. *Smith* (1980), 51 C.C.C. 381; *Charest* v. *Beaudoin* (1981), 18 C.R. (3d) 58.

The definition of "planned" by Mr. Justice Gale was as follows in *Widdifield* (1963-64), 6 C.L.Q. 152:

> I think that in the *Code* "planned" is to be assigned, I think, its natural meaning of a calculated scheme or design which has been carefully thought out, and the nature and consequences of which have been considered and weighed. But that does not mean, of course, to say that the plan need be a complicated one. It may be a very simple one, and the simpler it is perhaps the easier it is to formulate.

This was approved in *R.* v. *Reynolds* (1979), 44 C.C.C. (2d) 129.

193.   Perkins, an American commentator in an article entitled "The Law of Homicide" (1945-46), 36 *J. of Crim. L., Crim. and Police Science* 391, at 398, wryly laments that the ancient "malice aforethought" hallmark of murder had been reduced by some courts to a virtual requirement that it must not be afterthought.

194.   *The Queen* v. *Mitchell* (1964), S.C.R. 471 (474). The respondent was convicted of capital murder of his brother and there was evidence that on the day in question the brothers had been drinking and had quarrelled over a girl.

The court had to consider whether the trial judge erred in failing to point out to the jury that deliberation might have been negatived by provocation and drunkenness. The Court followed the judgments it had rendered in *More* v. *The Queen* (1963), S.C.R. 522 and in *McMartin* v. *The Queen* (1964), S.C.R. 484, and stated:

> I am of the opinion that the judgments in these two cases have as their *ratio decidendi* the principle that in determining whether the accused committed the crime of capital murder in that it was "planned and deliberate on the part of such person" the jury should have available and should be directed to consider all the circumstances including not only the evidence of the accused's actions but of his condition, his state of mind as affected by either real or even imagined insults and provoking actions of the victim and by the accused's consumption of alcohol. There is no doubt this is a finding of fact. The questions which the jury must decide beyond a reasonable doubt before they may convict the accused of capital murder

114

under the relevant subsection, section 202A (2)(a), are: Was the murder which he committed planned and was it deliberate? I separate the jury's problem in that form because I am in complete agreement with Whittaker J.A. when he said: "It is possible to imagine a murder to some degree planned and yet not deliberate." Therefore, to determine whether the charge to the jury delivered by the learned trial judge was adequate in submitting to them the issue of planning and deliberation the charge must be examined with some care.

It should be stated at once that the charge so far as it dealt with provocation under s. 203 and with drunkenness as it affects murder under the doctrine in *Director of Public Prosecutions* v. *Beard* was, with respect, excellent. That, however, I believe, is not sufficient. The jury should have been instructed upon those topics when the trial judge was dealing with murder, whether capital or non-capital, under s. 201. Then, with clear indication that he was passing on to the other and important matter of the additional ingredient needed to establish capital murder under s. 202A (2)(a), the learned trial judge should have brought the jury's attention to all relevant evidence to determine whether the murder was planned and deliberate on the part of the accused, and therefore, capital murder.

The court held that the appeal should be dismissed.

195. *Criminal Code*, R.S.C. 1970, c. C-34, s. 214.(5) provides:

> Irrespective of whether a murder is planned and deliberate on the part of any person, murder is first degree murder in respect of a person when the death is caused by that person while committing or attempting to commit an offence under one of the following sections:
>
> (*a*) section 76.1 (hijacking an aircraft);
>
> (*b*) section 246.1 (sexual assault);
>
> (*c*) section 246.2 (sexual assault with a weapon, threats to a third party or causing bodily harm);
>
> (*d*) section 246.3 (aggravated sexual assault); or
>
> (*e*) section 247 (kidnapping and forcible confinement).

196. *Criminal Code*, R.S.C. 1970, c. C-34, s. 213 provides:

> Culpable homicide is murder where a person causes the death of a human being while committing or attempting to commit high treason or treason or an offence mentioned in section 52 (sabotage), 76 (piratical acts), 76.1 (hijacking an

aircraft), 132 or subsection 133(1) or sections 134 to 136 (escape or rescue from prison or lawful custody), section 246 (assaulting a peace officer), section 246.1 (sexual assault), 246.2 (sexual assault with a weapon threats to a third party or causing bodily harm), 246.3 (aggravated sexual assault), 247 (kidnapping and forcible confinement), 302 (robbery), 306 (breaking and entering) or 389 or 390 (arson), whether or not the person means to cause death to any human being and whether or not he knows that death is likely to be caused to any human being....

197. See *supra*, note 191.

198. The Law Reform Commission of Canada, *The Jury*, [Report 16] (Ottawa: Supply and Services, 1982): draft legislation section 26(1) dealing with the judge's instructions to the jury, suggests that:

> As part of his instructions on the law, the judge shall instruct the jury that, in the event of a verdict of guilty, the jury has no prerogative to make any recommendation either as to clemency or as to the severity of the sentence.

This recommendation entails the repeal of the present section 670 of the *Criminal Code*, which provides that where the jury finds an accused guilty of second degree murder, the trial judge shall, before discharging the jury, invite them to make a recommendation regarding eligibility for release on parole. The Report continues on page 70:

> The reasons for this departure are several. First, the jury's principal role is to arrive at a verdict of guilt or innocence by weighing the evidence placed before it at trial. It is no part of that role to determine what sentence is appropriate in the event of conviction. To permit the jury to make a recommendation as to clemency or severity of sentence is to confuse the proper role of the jury with the role of the trial judge, whose exclusive responsibility it is to pronounce sentence upon a finding of guilt. Second, the Commission believes that permitting the jury to recommend clemency may compromise the integrity of its verdict. The promise of a collective plea for clemency could well operate as an effective, but unconscionable, inducement to persuade a reluctant juror to vote with the majority. A recommendation for clemency which the trial judge is under no obligation to accept should play no part in a jury's deliberations about guilt or innocence. Third, because the jury will ordinarily be familiar with the facts of the

particular case before them, they will not be cognizant of the several different considerations that bear on sentence — the accused's prior criminal record, if any; his reputation in the community; his antecedent and present circumstances... .

199. See *supra*, note 145.

L'HOMICIDE

Commission de réforme
du droit du Canada

Document de travail 33

L'HOMICIDE

1984

Avis

Ce document de travail présente l'opinion de la Commission à l'heure actuelle. Son opinion définitive sera exprimée dans le rapport qu'elle présentera au ministre de la Justice et au Parlement, après avoir pris connaissance des commentaires faits dans l'intervalle par le public.

Par conséquent, la Commission serait heureuse de recevoir tout commentaire à l'adresse suivante:

Secrétaire
Commission de réforme du droit du Canada
130, rue Albert
Ottawa, Canada
K1A 0L6

La Commission

M. le juge Allen M. Linden, président
M. le professeur Jacques Fortin, vice-président
Me Louise Lemelin, c.r., commissaire
Me Alan D. Reid, c.r., commissaire
Me Joseph Maingot, c.r., commissaire

Secrétaire

Jean Côté, B.A., B.Ph., LL.B.

Coordonnateur de la section de recherche sur les règles de fond du droit pénal

François Handfield, B.A., LL.L.

Conseiller principal

Patrick Fitzgerald, M.A. (Oxon.)

Table des matières

Remerciements

Ce document de travail est le fruit de plusieurs années de travail et des efforts d'un grand nombre de personnes. Ce travail a commencé il y a dix ans, et bien qu'il soit impossible de nommer toutes et chacune des personnes qui y ont participé, la contribution de certaines d'entre elles a été si précieuse qu'elle mérite d'être mentionnée. Pour commencer, une grande part des travaux de consultation initiaux est attribuable à M. Bernard Grenier. Ensuite, nous nous devons de mentionner le document substantiel qu'a préparé M. Don Stuart et qui a servi de base à une série de consultations auprès de juges, d'avocats, de policiers et d'autres personnes. Enfin, nos efforts pour mener à bien le présent document de travail n'auraient pas porté fruit sans l'appui des personnes qui ont participé à notre propre processus de consultation, soit le conseil consultatif des juges, les sous-ministres de la justice provinciaux, le comité des avocats de la défense de l'Association du Barreau canadien, certains chefs de police, et le comité des professeurs de droit pénal. Pour long qu'il ait été, ce processus n'en a pas moins été remarquablement fructueux. En effet, nos experts-conseils ont généreusement donné de leur temps afin de passer nos projets au crible et de formuler des critiques sévères, énergiques et constructives. À plusieurs reprises, leurs suggestions nous ont permis d'apporter des améliorations utiles. Toutes les personnes qui ont participé à ce processus étaient animées du désir général de contribuer à élaborer pour le Canada les règles de droit les plus satisfaisantes possibles en matière d'homicide. Comme il fallait s'y attendre, les opinions formulées dans le présent document de travail reflètent des changements de position survenus à la suite des consultations, comme la décision de maintenir les différents degrés du meurtre. Il ne fait aucun doute également que les réactions au présent document de travail entraîneront d'autres modifications.

Introduction

Le meurtre et les autres formes d'homicide occupent une place particulière au sein du droit pénal canadien. La nature exceptionnelle du mal qui en résulte[1], l'importance de la valeur sociale ainsi bafouée, de même que l'application, jusqu'à tout récemment, de la peine capitale[2], ont fait de ces crimes des infractions fondamentales qui dominent l'ensemble du droit pénal.

Dans les États où s'applique le common law, ce caractère fondamental est évident. On le retrouve dans les théories de la responsabilité pénale, comme celle de J. W. C. Turner[3], où l'analyse prétendument complète du *mens rea* n'est en fait qu'une généralisation de l'élément moral du meurtre suivant le common law[4]. On le retrouve également dans la jurisprudence relative à la participation aux infractions, qui porte systématiquement sur des cas où une personne, sans l'autorisation ou le consentement de la victime, emploie la force contre celle-ci et cause sa mort[5]. Il se retrouve enfin dans l'analyse judiciaire et théorique des moyens de défense comme la contrainte morale, la légitime défense, etc., analyse qui la plupart du temps se situe dans le contexte de l'homicide[6].

Par conséquent, au Canada comme dans les autres pays de common law, la législation, la jurisprudence et la doctrine abondent sur le sujet. Les règles en matière d'homicide sont de ce fait extrêmement détaillées[7]. En revanche, cette abondance a donné lieu à la prolifération de dispositions techniques qui ont entraîné la complication et l'obscurcissement des principes, aussi bien en common law que dans les dispositions du *Code criminel* portant sur l'homicide.

L'étude des dispositions du *Code* sera centrée sur quatre aspects différents des règles actuelles: (1) l'agencement des dispositions relatives à l'homicide, (2) l'élément matériel de l'homicide, (3) l'élément moral des différentes formes de l'homicide, et (4) les peines prévues pour l'homicide.

3

CHAPITRE UN

L'agencement des dispositions relatives à l'homicide

Pour bien comprendre l'agencement actuel des règles relatives à l'homicide, il est nécessaire de remonter non seulement à la première rédaction du *Code criminel*, mais également au common law antérieur, qui en est à l'origine. C'est que dans une large mesure, la version initiale du *Code*, et par voie de conséquence les règles actuelles en matière d'homicide, ne représentent qu'une codification du common law.

I.   L'homicide en common law[8]

Dès l'époque de Williams, le meurtre se distinguait des autres formes d'homicide en droit anglais. Théoriquement, la différence tenait à ce que le meurtre était commis en secret, alors que dans tous les autres cas, il s'agissait de simples homicides. En pratique, la distinction se traduisait principalement par l'obligation, dans le cas du meurtre, de démontrer que la victime était un Anglais (*"Englishry"*). Dans tous les autres cas, la victime était présumée être un Normand, et une amende était perçue sur la commune où le crime avait été commis. Le terme alors utilisé, *"murdrum"*, évoquait à la fois l'amende et l'infraction.

Malgré la disparition de cette distinction en 1340, avec l'abolition de la pratique de l'*"Englishry"*, le terme *"murder"*[9] demeura courant en Angleterre. Selon Stephen, la survie de ce terme est probablement fortuite, dans la mesure où il servait tout simplement à désigner le plus odieux des homicides, et non à établir des distinctions théoriques. En fait, le meurtre entraînait

pour son auteur la même punition que les autres types d'homicide et le meurtrier, comme toute autre personne coupable d'homicide, pouvait revendiquer le privilège de clergie.

Les homicides pouvaient alors être divisés en trois catégories[10]. Il y avait d'abord l'homicide justifiable, comme l'exécution conforme à la loi, qui n'était aucunement blâmable. Ensuite, l'homicide accidentel, par exemple commis en légitime défense, était considéré comme partiellement blâmable et exigeait le pardon du roi. Enfin, l'homicide correspondant au *"felony"* était punissable de mort (sous réserve des règles du privilège de clergie). Suivant cette classification, le meurtre n'était pas différent des autres homicides qui constituaient des *"felonies"*.

Vers la fin du quatorzième siècle, on en vint à distinguer le meurtre du *"manslaughter"*, selon la présence ou l'absence de préméditation[11]. On faisait à cette époque un usage abusif de la prérogative royale du pardon, de sorte que le roi se vit forcé de promettre qu'en matière de meurtre, dans le cas où un pardon général serait accordé ou invoqué, un jury serait chargé de vérifier si la victime *"fuist murdrez ou occis paragait apens or malice prepense"*[12]. Dans l'affirmative, le pardon serait annulé. Le meurtre devint donc une forme d'homicide pour laquelle un pardon général ne pouvait être invoqué.

Par la suite, au seizième siècle, des lois excluant l'application du privilège de clergie en cas de meurtre vinrent accentuer la distinction entre le meurtre et l'homicide[13]. Selon Stephen[14], cela eut pour effet de diviser les homicides en quatre catégories: (1) le meurtre, c'est-à-dire l'homicide prémédité, qui constituait un *"felony"* et ne donnait pas lieu au privilège de clergie; (2) le *"manslaughter"*, soit l'homicide volontaire non prémédité qui constituait un *"felony"* mais qui pouvait donner lieu à l'application du privilège de clergie; (3) l'homicide commis en légitime défense ou par accident qui ne constituait pas un *"felony"* mais plutôt un acte exigeant le pardon et entraînant la saisie des biens meubles du coupable; et (4) l'homicide justifiable qui n'était pas un crime. La différence entre le meurtre et le *"manslaughter"* consistait donc dans la présence ou dans l'absence de préméditation.

Pourtant, la préméditation (en anglais, *"malice aforethought"*) restait une notion confuse. Il a fallu attendre jusqu'au dix-neuvième siècle pour que Stephen en donne une définition claire qui fait

autorité depuis[15]. Selon lui, la préméditation désigne l'un des états d'esprit suivants:

(1) l'intention de tuer ou d'infliger des blessures graves;

(2) le fait de savoir que l'acte commis causera probablement la mort ou des blessures graves;

(3) l'intention de commettre un *"felony"* quelconque; ou

(4) l'intention de résister par la force à tout fonctionnaire de la justice agissant dans l'exécution de certaines de ses fonctions.

Dès lors, la position du common law en matière d'homicide semblait en voie de se clarifier. Tout homicide coupable commis dans l'un de ces quatre états d'esprit constituait une infraction capitale de meurtre. En revanche, tout homicide coupable commis sans que l'accusé fût dans l'un des états d'esprit susmentionnés constituait une infraction non capitale de *"manslaughter"*.

Le *"manslaughter"* désignait donc tous les homicides coupables qui ne constituaient pas un meurtre. Ceux-ci avaient déjà été classifiés par Blackstone en 1765, selon leur caractère volontaire ou involontaire. Le *"manslaughter"* volontaire était un homicide coupable qui ne constituait pas un meurtre dans la mesure où il résultait de la provocation. Le *"manslaughter"* involontaire était un homicide coupable qui ne constituait pas un meurtre, étant donné l'absence de préméditation.

Le *"manslaughter"* volontaire dépendait de l'existence d'une provocation. Deux conditions devaient être remplies: (1) l'accusé devait effectivement avoir été provoqué; et (2) cette provocation, qu'elle ait consisté dans des paroles et dans des actes, ou dans des actes seulement, devait être de nature à avoir le même effet sur un homme raisonnable. Il appartenait au juge de donner au jury des instructions sur la question de savoir si la provocation alléguée était, en droit, de nature à avoir le même effet sur un homme raisonnable.

À l'époque de Blackstone, tout autre homicide coupable et non prémédité constituait un *"manslaughter"* involontaire[17]. Ainsi, dans chaque cas d'homicide non prémédité, il s'agissait de déterminer si l'homicide était excusable. Dans la négative, il constituait un *"manslaughter"*.

Avec le temps, cependant, on a changé d'optique[18]. Dans le cas d'un homicide non prémédité, la question à trancher devint celle de savoir s'il s'agissait d'un *"manslaughter"*. Dans la négative, l'homicide n'était pas coupable. Afin de constituer un *"manslaughter"*, l'homicide devait faire partie de l'une des deux catégories suivantes: (1) il devait résulter de la négligence grave, ou (2) avoir été commis au moyen d'un acte illégal qui, suivant la jurisprudence britannique en 1883, était un acte criminel.

II. L'homicide en droit canadien

Telle était la position du common law en 1892 lorsque le Canada décida d'adopter un code pénal[19]. Le Canada était alors en mesure de tirer profit de l'existence de plusieurs codes qui pouvaient servir de modèle. Cinquante ans auparavant, Macaulay avait élaboré un code pénal qui fut adopté en Inde en 1860, puis dans d'autres colonies avec certaines modifications, et dont Stephen lui-même fit l'éloge pour sa clarté et sa simplicité[20]. En 1878, un autre code pénal fut préparé pour la Jamaïque par Wright. Il n'entra jamais en vigueur en Jamaïque mais fut adopté par d'autres colonies[21]. En 1879, un projet de code pénal préparé par Stephen fut introduit devant le Parlement puis retiré. Une commission royale composée de juges, et dont Stephen lui-même faisait partie, apporta des modifications mineures au projet et le soumit à nouveau au Parlement. Ce projet de code pénal qui, en fait, ne fut jamais adopté en Grande-Bretagne[22], servit plus tard de modèle aux codes criminels de la Nouvelle-Zélande[23], du Queensland[24], de l'Australie-Occidentale[25] et de la Tasmanie[26]. En outre, il inspira largement les auteurs du premier code pénal canadien[27].

Ainsi, la structure du *Code criminel* de 1892, y compris ses dispositions sur l'homicide, s'apparente-t-elle à celle du projet de code pénal britannique. Il convient de noter que celui-ci avait certains buts bien déclarés[28]. Premièrement, ce projet visait à codifier le common law dans l'état où il se trouvait alors. Deuxièmement, il visait à élaguer les règles du common law, de façon à leur donner une forme systématique et claire. Troisièmement, le projet avait pour but de supprimer les détails techniques et autres défauts qui masquaient le droit existant.

Le projet de code pénal britannique visait donc en premier lieu à codifier le droit existant. Au sein de cette codification, les dispositions concernant l'homicide ne formaient qu'une partie d'un ensemble beaucoup plus grand. En fait, un projet de loi codifiant les règles de droit relatives à l'homicide avait été rejeté à Westminster en 1874. On estimait en effet qu'une codification partielle était une entreprise vaine. C'est d'ailleurs ce rejet qui incita Stephen à élaborer un code complet[29].

Le projet visait en outre à donner aux règles de droit concernant l'homicide une forme systématique et claire. À cette fin, on avait divisé les homicides en deux catégories, les homicides coupables et les homicides non coupables, on avait défini les cas où le manquement à une obligation légale pourrait entraîner une inculpation d'homicide coupable (si la mort en résultait), et on avait inclus, entre autres, des dispositions particulières concernant le traitement médical ou l'absence de traitement médical[30]. Sous ces rapports, le *Code criminel* canadien a nettement été conçu à l'image du projet de code pénal britannique.

Enfin, le projet avait pour but de supprimer les détails techniques qui masquaient le droit existant. D'après Stephen, ces détails techniques étaient [TRADUCTION] «les conséquences malheureuses de l'application de règles destinées à donner effet à des principes mal compris ... et suivies à la lettre de peur qu'une interprétation plus large se traduise par un relâchement des règles de droit en général[31]». Stephen en donna un exemple:

> [TRADUCTION]
> Il est bien établi que lorsqu'un homme tue un autre homme en commettant un acte criminel très violent à son endroit, son crime est aussi grand que s'il avait intentionnellement causé la mort de sa victime. Si l'on applique ce principe à la règle voulant que le fait de causer la mort lors de la perpétration d'un *felony* constitue un meurtre, on en arrive au résultat singulier et inopiné que voici: tuer un homme par accident en tirant sur une poule pour la voler est un meurtre[32].

La structure fondamentale du projet de code pénal britannique a été reproduite dans le *Code criminel* canadien de 1892. Les dispositions relatives à l'homicide n'ont subi aucune modification fondamentale depuis cette époque, si ce n'est l'addition, au cours des années, de dispositions particulières[33]. Parmi celles-ci, voici les plus importantes. En 1948, on créait une nouvelle forme d'homi-

cide, l'infanticide, sur le modèle de l'*Infanticide Act 1922* (Royaume-Uni)[34]. En 1955, à cause de la réticence qu'éprouvaient les jurys à déclarer coupable d'homicide involontaire coupable les conducteurs de véhicule ayant causé la mort par négligence, on créa une nouvelle infraction qui consistait à causer la mort par négligence criminelle[35]. En 1961, le meurtre fut divisé en deux catégories: le meurtre qualifié et le meurtre non qualifié[36]. En 1976, après l'abolition de la peine de mort en cas de meurtre, on élabora une nouvelle classification établissant le meurtre au premier degré et le meurtre au deuxième degré, le premier entraînant l'impossibilité de bénéficier d'une libération conditionnelle avant vingt-cinq ans et le second, avant dix ans[37].

III.   Les dispositions du *Code criminel*

De nos jours, les règles du droit canadien concernant l'homicide se retrouvent aux articles 196 à 223 du *Code criminel*. En voici la teneur:

> **196.** Dans la présente Partie «abandonner» ou «exposer» comprend
>
> *a*) l'omission volontaire, par une personne légalement tenue de le faire, de prendre soin d'un enfant, et
>
> *b*) traiter un enfant d'une façon pouvant l'exposer à des dangers contre lesquels il n'est pas protégé;
>
> «enfant» comprend un enfant adoptif et un enfant illégitime;
>
> «formalité de mariage» comprend une cérémonie de mariage qui est reconnue valide
>
> *a*) par la loi du lieu où le mariage a été célébré, ou
>
> *b*) par la loi du lieu où un accusé subit son procès, même si le mariage n'est pas reconnu valide par la loi du lieu où il a été célébré;
>
> «tuteur» comprend une personne qui a, en droit ou de fait, la garde ou le contrôle d'un enfant.

197. (1) Toute personne est légalement tenue

a) en qualité de père ou de mère, par le sang ou par adoption, de tuteur ou de chef de famille, de fournir les choses nécessaires à l'existence d'un enfant de moins de seize ans;

b) à titre de personne mariée, de fournir les choses nécessaires à l'existence de son conjoint; et

c) de fournir les choses nécessaires à l'existence d'une personne à sa charge, si cette personne

(i) est incapable, par suite de détention, d'âge, de maladie, d'aliénation mentale ou pour une autre cause, de se soustraire à cette charge, et

(ii) est incapable de pourvoir aux choses nécessaires à sa propre existence.

(2) Commet une infraction, quiconque, ayant une obligation légale au sens du paragraphe (1), omet, sans excuse légitime, dont la preuve lui incombe, de remplir cette obligation, si

a) à l'égard d'une obligation imposée par l'alinéa (1)*a*) ou *b*),

(i) la personne envers laquelle l'obligation doit être remplie se trouve dans le dénuement ou dans le besoin, ou

(ii) l'omission de remplir l'obligation met en danger la vie de la personne envers laquelle cette obligation doit être remplie, ou expose, ou est de nature à exposer, à un péril permanent la santé de cette personne; ou

b) à l'égard d'une obligation imposée par l'alinéa (1)*c*), l'omission de remplir l'obligation met en danger la vie de la personne envers laquelle cette obligation doit être remplie, ou cause, ou est

de nature à causer, un tort permanent à la santé de cette personne.

(3) Quiconque commet une infraction visée au paragraphe (2) est coupable

a) d'un acte criminel et passible d'un emprisonnement de deux ans; ou

b) d'une infraction punissable sur déclaration sommaire de culpabilité.

(4) Aux fins des procédures prévues au présent article,

a) la preuve qu'une personne a cohabité avec une personne de sexe opposé ou qu'elle l'a de quelque manière reconnue comme son conjoint, constitue, en l'absence de toute preuve contraire, une preuve qu'ils sont légitimement mariés;

b) la preuve qu'une personne a de quelque façon reconnu un enfant comme son enfant, constitue, en l'absence de toute preuve contraire, une preuve que cet enfant est le sien;

c) la preuve qu'une personne a quitté son conjoint et a omis, pendant une période d'un mois quelconque, subséquemment à la date où elle l'a ainsi quitté, de pourvoir à son entretien ou à l'entretien d'un de ses enfants âgé de moins de seize ans, constitue, en l'absence de toute preuve contraire, une preuve qu'elle a omis, sans excuse légitime, de leur fournir les choses nécessaires à l'existence; et

d) le fait qu'un conjoint ou un enfant reçoit ou a reçu les choses nécessaires à l'existence, d'une autre personne qui n'est pas légalement tenue de les fournir, ne constitue pas une défense.

198. Quiconque entreprend d'administrer un traitement chirurgical ou médical à une autre personne ou d'accomplir un autre acte légitime qui peut

mettre en danger la vie d'une autre personne est, sauf dans les cas de nécessité, légalement tenu d'apporter, en ce faisant, une connaissance, une habileté et des soins raisonnables.

199. Quiconque entreprend d'accomplir un acte est légalement tenu de l'accomplir si une omission de le faire met ou peut mettre la vie humaine en danger.

200. Est coupable d'un acte criminel et passible d'un emprisonnement de deux ans, quiconque illicitement abandonne ou expose un enfant de moins de dix ans, de manière que la vie de cet enfant soit effectivement mise en danger ou exposée à l'être, ou que sa santé soit effectivement compromise de façon permanente ou exposée à l'être.

201. Abrogé.

202. (1) Est coupable de négligence criminelle quiconque,

a) en faisant quelque chose, ou

b) en omettant de faire quelque chose qu'il est de son devoir d'accomplir,

montre une insouciance déréglée ou téméraire à l'égard de la vie ou de la sécurité d'autrui.

(2) Aux fins du présent article, l'expression «devoir» signifie une obligation imposée par la loi.

203. Est coupable d'un acte criminel et passible de l'emprisonnement à perpétuité, quiconque, par négligence criminelle, cause la mort d'une autre personne.

204. Est coupable d'un acte criminel et passible d'un emprisonnement de dix ans, quiconque, par négligence

criminelle, cause des lésions corporelles à autrui.

205. (1) Commet un homicide, quiconque, directement ou indirectement, par quelque moyen, cause la mort d'un être humain.

(2) L'homicide est coupable ou non coupable.

(3) L'homicide qui n'est pas coupable ne constitue pas une infraction.

(4) L'homicide coupable est le meurtre, l'homicide involontaire coupable ou l'infanticide.

(5) Une personne commet un homicide coupable lorsqu'elle cause la mort d'un être humain,

a) au moyen d'un acte illégal,

b) par négligence criminelle,

c) en portant cet être humain, par des menaces ou la crainte de quelque violence, ou par la supercherie, à faire quelque chose qui cause sa mort, ou

d) en effrayant volontairement cet être humain, dans le cas d'un enfant ou d'une personne malade.

(6) Nonobstant les dispositions du présent article, une personne ne commet pas un homicide au sens de la présente loi, du seul fait qu'elle cause la mort d'un être humain en amenant, par de faux témoignages, la condamnation et la mort de cet être humain par sentence de la loi.

206. (1) Un enfant devient un être humain au sens de la présente loi lorsqu'il est complètement sorti, vivant, du sein de sa mère,

a) qu'il ait respiré ou non;

b) qu'il ait ou non une circulation indépendante; ou

c) que le cordon ombilical soit coupé ou non.

(2) Commet un homicide, quiconque cause à un enfant, avant ou pendant sa naissance, des blessures qui entraînent sa mort après qu'il est devenu un être humain.

207. Lorsque, par un acte ou une omission, une personne fait une chose qui entraîne la mort d'un être humain, elle cause la mort de cet être humain, bien que la mort produite par cette cause eût pu être empêchée en recourant à des moyens appropriés.

208. Lorsqu'une personne cause à un être humain une blessure corporelle qui est en elle-même de nature dangereuse et dont résulte la mort, elle cause la mort de cet être humain, bien que la cause immédiate de la mort soit un traitement convenable ou impropre, appliqué de bonne foi.

209. Lorsqu'une personne cause à un être humain une blessure corporelle qui entraîne la mort, elle cause la mort de cet être humain, même si cette blessure n'a pour effet que de hâter sa mort par suite d'une maladie ou d'un désordre provenant de quelque autre cause.

210. Nul ne commet un homicide coupable ou l'infraction de causer la mort d'un être humain par négligence criminelle, à moins que la mort ne survienne dans une période d'un an et un jour à compter du moment où s'est produit le dernier fait au moyen duquel il a causé la mort ou contribué à la cause de la mort.

211. Nul ne commet un homicide coupable lorsqu'il cause la mort d'un être humain

a) par quelque influence sur l'esprit seulement, ou

b) par quelque désordre ou maladie résultant d'une influence sur l'esprit seulement,

mais le présent article ne s'applique pas lorsqu'une personne cause la mort d'un enfant ou d'une personne malade en l'effrayant volontairement.

212. L'homicide coupable est un meurtre

a) lorsque la personne qui cause la mort d'un être humain

(i) a l'intention de causer sa mort, ou

(ii) a l'intention de lui causer des lésions corporelles qu'elle sait être de nature à causer sa mort, et qu'il lui est indifférent que la mort s'ensuive ou non;

b) lorsqu'une personne, ayant l'intention de causer la mort d'un être humain ou ayant l'intention de lui causer des lésions corporelles qu'elle sait de nature à causer sa mort, et ne se souciant pas que la mort en résulte ou non, par accident ou erreur cause la mort d'un autre être humain, même si elle n'a pas l'intention de causer la mort ou des lésions corporelles à cet être humain; ou

c) lorsqu'une personne, pour une fin illégale, fait quelque chose qu'elle sait, ou devrait savoir, de nature à causer la mort et, conséquemment, cause la mort d'un être humain, même si elle désire atteindre son but sans causer la mort ou une lésion corporelle à qui que ce soit.

213. L'homicide coupable est un meurtre lorsqu'une personne cause la mort d'un être humain pendant qu'elle commet ou tente de commettre une haute trahison, une trahison ou une infraction mentionnée aux articles 52 (sabotage), 76 (actes de piraterie), 76.1 (détournement d'aéronef), 132 ou au paragraphe 133(1) ou aux articles 134 à 136 (évasion ou délivrance d'une garde légale), 246 (voies de fait sur un agent de la paix), 246.1 (agression sexuelle), 246.2 (agression sexuelle armée, menaces à une tierce personne ou infliction de lésions corporelles), 246.3 (agression sexuelle grave), 247 (enlèvement et séquestration), 302 (vol qualifié), 306 (introduction par effraction) ou 389 ou 390 (crime d'incendie), qu'elle ait ou non l'intention de causer la mort d'un être humain et qu'elle sache ou non qu'il en résultera vraisemblablement la mort d'un être humain

a) si elle a l'intention de causer des lésions corporelles aux fins

(i) de faciliter la perpétration de l'infraction, ou

(ii) de faciliter sa fuite après avoir commis ou tenté de commettre l'infraction,

et que la mort résulte des lésions corporelles;

b) si elle administre un stupéfiant ou un soporifique à une fin mentionnée à l'alinéa *a*) et que la mort en résulte;

c) si, volontairement, elle arrête, par quelque moyen, la respiration d'un être humain à une fin mentionnée à l'alinéa *a*) et que la mort en résulte; ou

d) si elle emploie une arme ou l'a sur sa personne

(i) pendant ou alors qu'elle commet ou tente de commettre l'infraction, ou

(ii) au cours ou au moment de sa fuite après avoir commis ou tenté de commettre l'infraction,

et que la mort en soit la conséquence.

214. (1) Il existe deux catégories de meurtres: ceux du premier degré et ceux du deuxième degré.

(2) Le meurtre au premier degré est le meurtre commis avec préméditation.

(3) Sans restreindre la généralité du paragraphe (2), est assimilé au meurtre au premier degré quant aux parties intéressées, le meurtre commis à la suite d'une entente dont la contrepartie matérielle, notamment financière, était proposée ou promise en vue d'en encourager la perpétration ou la complicité par assistance, incitation ou fourniture de conseils.

(4) Est assimilé au meurtre au premier degré, le meurtre, dans l'exercice de ses fonctions,

a) d'un officier ou d'un agent de police, d'un constable, d'un shérif, d'un shérif adjoint, d'un officier de shérif ou d'une autre personne employée à la préservation et au maintien de la paix publique;

b) d'un directeur, d'un sous-directeur, d'un instructeur, d'un gardien, d'un geôlier, d'un garde ou d'un autre fonctionnaire ou employé permanent d'une prison;

c) d'une personne travaillant dans une prison avec la permission des autorités de la prison.

(5) Indépendamment de toute préméditation, commet un meurtre au premier degré quiconque cause la mort d'une personne en commettant ou tentant de commettre une infraction prévue à l'un des articles suivants:

a) article 76.1 (détournement d'aéronef);

b) article 246.1 (agression sexuelle);

c) article 246.2 (agression sexuelle armée, menaces à une tierce personne ou infliction de lésions corporelles);

d) article 246.3 (agression sexuelle grave); ou

e) article 247 (enlèvement et séquestration).

(6) Est assimilé au meurtre au premier degré celui commis par une personne qui a antérieurement été déclarée coupable de meurtre au premier ou au deuxième degré.

(7) Les meurtres qui n'appartiennent pas à la catégorie des meurtres au premier degré sont des meurtres au deuxième degré.

669. Le bénéfice de la libération conditionnelle est subordonné, en cas de condamnation à l'emprisonnement à perpétuité

a) pour haute trahison ou meurtre au premier degré, à l'accomplissement d'au moins vingt-cinq ans de la peine;

b) pour meurtre au deuxième degré, à l'accomplissement d'au moins dix ans de la peine, délai que le juge peut porter à au plus vingt-cinq ans en vertu de l'article 671;

c) pour toute autre infraction, à l'application des conditions normalement prévues.

670. Le juge qui préside au procès doit, avant de dissoudre le jury qui a déclaré un accusé coupable de meurtre au deuxième degré, lui poser la question suivante:

«Vous avez déclaré l'accusé coupable de meurtre au deuxième degré et la loi exige que je prononce

maintenant contre lui la peine d'emprisonnement à perpétuité. Souhaitez-vous formuler, comme vous avez la faculté de le faire, quant au nombre d'années qu'il doit purger avant de pouvoir bénéficier de la libération conditionnelle, une recommandation dont je tiendrai compte en examinant la possibilité de porter à au plus vingt-cinq ans ce délai qui, aux termes de la loi, s'élève normalement à dix ans?»

671. Au moment de prononcer la peine conformément à l'article 669, le juge qui préside au procès de l'accusé déclaré coupable de meurtre au deuxième degré, ou en cas d'empêchement tout juge du même tribunal, peut, compte tenu du caractère de l'accusé, de la nature de l'infraction, des circonstances de cette dernière et de toute recommandation formulée conformément à l'article 670, porter, par ordonnance, le délai préalable à sa libération conditionnelle au nombre d'années, compris entre dix et vingt-cinq, qu'il estime indiqué dans les circonstances.

672. (1) La personne qui a purgé quinze ans de sa peine après avoir été déclarée coupable

a) de haute trahison ou de meurtre au premier degré,

b) de meurtre au deuxième degré et condamnée à l'emprisonnement à perpétuité avec délai préalable à sa libération conditionnelle d'au moins à quinze ans,

peut demander au juge en chef compétent de la province ou du territoire où a eu lieu cette déclaration de culpabilité la réduction du délai préalable à sa libération conditionnelle.

(2) Sur réception de la demande prévue au paragraphe (1), le juge en chef compétent doit charger un juge de la cour supérieure de juridiction criminelle de constituer un jury pour l'entendre et pour décider s'il y a lieu de réduire le délai préalable à la libération conditionnelle du requérant, compte tenu de son caractère, de sa conduite durant l'exécution de sa peine, de la nature de l'infraction pour laquelle il a été condamné et de tout ce qu'il estime utile dans les circonstances, et cette décision doit être prise par les deux tiers au moins des membres de ce jury.

(3) Le jury, s'il décide, conformément au paragraphe (1), qu'il n'y a pas lieu de réduire le délai préalable à la libération conditionnelle du requérant, doit fixer un délai à l'expiration duquel il lui sera loisible de présenter une nouvelle demande au juge en chef compétent.

(4) Le jury, s'il décide, conformément au paragraphe (1), qu'il y a lieu de réduire le délai préalable à la libération conditionnelle du requérant, peut, par ordonnance, en ce qui concerne ce délai,

a) en réduire le nombre d'années;

b) le supprimer.

(5) Le juge en chef compétent de chaque province ou territoire peut établir les règles applicables aux demandes et aux auditions prévues au présent article, qui sont nécessaires pour l'application de celui-ci.

(6) Pour l'application du présent article, l'expression «juge en chef compétent» désigne,

a) pour les provinces suivantes:

(i) en Colombie-Britannique et dans l'Île-du-Prince-Édouard, les juges

en chef de la Cour suprême, respectivement,

(ii) en Nouvelle-Écosse et à Terre-Neuve, les juges en chef de la Cour suprême, juridiction de première instance, respectivement,

(iii) en Saskatchewan, au Manitoba, en Alberta et au Nouveau-Brunswick, les juges en chef de la Cour du Banc de la Reine, respectivement,

(iv) abrogé, 1978-79, c. 11, art. 10, item 6(13),

(v) en Ontario, le juge en chef de la haute Cour de justice, et

(vi) au Québec, le juge en chef de la Cour supérieure;

b) pour le territoire du Yukon, le juge en chef de la Cour d'appel;

c) pour les territoires du Nord-Ouest, le juge en chef de la Cour d'appel.

(7) Pour l'application du présent article, le juge en chef compétent peut charger un juge de la Cour d'appel ou de la Cour suprême du territoire du Yukon ou des territoires du Nord-Ouest, selon le cas, de constituer un jury qui entendra les demandes relatives aux déclarations de culpabilité prononcées dans ces territoires.

215. (1) Un homicide coupable qui autrement serait un meurtre peut être réduit à un homicide involontaire coupable si la personne qui l'a commis a ainsi agi dans un accès de colère causé par une provocation soudaine.

(2) Une action injuste ou une insulte de telle nature qu'elle suffise à priver une personne ordinaire du pouvoir de se maîtriser, est une provocation aux fins du présent article, si l'accusé a agi sous l'impulsion du moment et avant d'avoir eu le temps de reprendre son sang-froid.

(3) Aux fins du présent article, les questions de savoir

a) si une action injuste ou une insulte déterminée équivalait à une provocation, et

b) si l'accusé a été privé du pouvoir de se maîtriser par la provocation qu'il allègue avoir reçue,

sont des questions de fait, mais nul n'est censé avoir provoqué un autre individu en faisant quelque chose qu'il avait un droit légal de faire, ou en faisant une chose que l'accusé l'a incité à faire afin de fournir à l'accusé une excuse pour causer la mort ou des lésions corporelles à un être humain.

(4) Un homicide coupable qui, autrement, serait un meurtre, n'est pas nécessairement un homicide involontaire coupable du seul fait qu'il a été commis par une personne alors qu'elle était illégalement mise en état d'arrestation; mais le fait que l'illégalité de l'arrestation était connue de l'accusé peut constituer une preuve de provocation aux fins du présent article.

216. Une personne du sexe féminin commet un infanticide lorsque, par un acte ou omission volontaire, elle cause la mort de son enfant nouveau-né, si au moment de l'acte ou omission elle n'est pas complètement remise d'avoir donné naissance à l'enfant et si, de ce fait ou par suite de la lactation consécutive à la naissance de l'enfant, son esprit est alors déséquilibré.

217. L'homicide coupable qui n'est pas un meurtre ni un infanticide constitue un homicide involontaire coupable.

218. (1) Quiconque commet un meurtre au premier degré ou un meur-

tre au deuxième degré est coupable d'un acte criminel et doit être condamné à l'emprisonnement à perpétuité.

(2) Pour les objets de la Partie XX, la sentence d'emprisonnement à perpétuité prescrite par le présent article est une peine minimum.

219. Quiconque commet un homicide involontaire coupable se rend coupable d'un acte criminel et passible de l'emprisonnement à perpétuité.

220. Toute personne du sexe féminin qui commet un infanticide est coupable d'un acte criminel et passible d'un emprisonnement de cinq ans.

221. (1) Est coupable d'un acte criminel et passible d'emprisonnement à perpétuité, toute personne qui, au cours de la mise au monde, cause la mort d'un enfant qui n'est pas devenu un être humain, de telle manière que, si l'enfant était un être humain, cette personne serait coupable de meurtre.

(2) Le présent article ne s'applique pas à une personne qui, par des moyens que, de bonne foi, elle estime nécessaires pour sauver la vie de la mère d'un enfant, cause la mort de l'enfant.

222. Est coupable d'un acte criminel et passible de l'emprisonnement à perpétuité, quiconque, par quelque moyen, tente de commettre un meurtre.

223. Tout complice de meurtre après le fait est coupable d'un acte criminel et passible de l'emprisonnement à perpétuité.

IV. Critique de l'agencement des dispositions relatives à l'homicide

L'agencement des dispositions du *Code criminel* portant sur l'homicide prête à la critique sous trois rapports. Premièrement, bon nombre des dispositions qu'il contient ont été placées dans ce chapitre de la partie spéciale en dépit de leur caractère général. Deuxièmement, la structure des dispositions est plutôt tortueuse. Troisièmement, de nombreuses dispositions regorgent de détails superflus.

Le fait d'avoir placé des dispositions à caractère général dans un chapitre de la partie spéciale défie nettement les règles fondamentales de codification du droit pénal[38]. En effet, ces règles reposent sur le principe voulant que les questions générales liées, par exemple, à la juridiction, à l'*actus reus*, au *mens rea*, aux moyens de défense généraux et ainsi de suite, questions qui concernent toutes les infractions, devraient, par souci de clarté et afin d'éviter les répétitions inutiles, se trouver rassemblées dans la partie générale du *Code criminel*[39].

Or, au mépris de ce principe, les auteurs du projet de code pénal britannique et ceux du *Code criminel* canadien ont rédigé le chapitre portant sur l'homicide comme si le code qu'ils avaient élaboré ne devait pas comporter de partie générale, ou encore, comme si les dispositions relatives à l'homicide étaient destinées à constituer un code distinct et autonome. Ainsi, à la partie VI du *Code*, les définitions des infractions sont précédées de dispositions imposant certaines obligations (articles 197 à 201) qui n'intéressent pas exclusivement les différentes formes de l'homicide. En outre, les homicides sont divisés en homicides coupables et en homicides non coupables (article 205), or cette distinction peut certainement s'appliquer à la plupart des types de conduite. Par la suite, on retrouve des dispositions particulières concernant la notion de causalité (paragraphe 205(6) et articles 207 à 209 et 211), comme si cette question n'avait de pertinence qu'en matière d'homicide. Nous approfondirons ces questions plus loin.

L'agencement complexe et incohérent des dispositions concernant l'homicide constitue le deuxième objet de critique. Le caractère tortueux de ce chapitre est imputable à la présence de définitions négatives, de chevauchements et de répétitions.

Le principal exemple de l'emploi d'une définition négative se trouve à l'article 217, où le législateur énonce que l'homicide coupable qui n'est ni un meurtre ni un infanticide constitue un homicide involontaire coupable. Cela signifie que pour saisir la nature véritable de l'homicide involontaire coupable, le lecteur doit d'abord se frayer un chemin à travers les articles 205, 212, 213 et 216, afin de comprendre ce qui constitue un homicide coupable, un meurtre et un infanticide. Or, il eût été beaucoup plus simple de définir d'emblée l'homicide involontaire coupable, comme on l'a fait, par exemple, pour l'infanticide.

Une définition aussi simple aurait en outre eu l'avantage de prévenir les chevauchements éventuels. Aux termes de l'alinéa 205(5)b) et de l'article 217, le fait de causer la mort par négligence criminelle constitue un homicide involontaire coupable. Or, en vertu des articles 202 et 203, le fait de causer la mort par négligence criminelle constitue une infraction en soi. Cette incohérence résulte de l'emploi d'une définition négative qui a entraîné des chevauchements.

On retrouve ces chevauchements et répétitions dans tout le chapitre sur l'homicide. Comme nous l'avons déjà vu, la définition de l'homicide involontaire coupable à l'article 217 repose sur l'entrelacement complexe des dispositions des articles 205, 212, 213 et 216. De même, le fondement des articles 212 et 213 sur le meurtre se trouve à l'article 205 (l'homicide), et celui de l'article 214 (les meurtres au premier et au deuxième degré), aux articles 205, 212 et 213.

Pourtant, on n'a même pas su tirer profit de cette interdépendance pour éliminer les répétitions inutiles. Par exemple, alors que l'homicide est défini au paragraphe 205(1) comme étant le fait de causer la mort d'un être humain, on a repris, aux articles 212 et 213, la formule «causer la mort d'un être humain».

La troisième critique concerne la présence de détails superflus. Certaines dispositions particulières ne sont plus nécessaires par suite de l'évolution du droit: par exemple, l'abolition de la peine de mort comme sanction du meurtre a rendu inutile le paragraphe 205(6), selon lequel le fait de «causer la mort par de faux témoignages» ne constitue pas un homicide au sens du *Code*[40]. D'autres dispositions pourraient également être considérées comme inutiles, car elles ne représentent que l'application d'une règle

générale: par exemple, les dispositions spéciales des articles 207 et 208, concernant la mort qui aurait pu être empêchée et la mort qui découle du traitement de blessures, sont tout simplement une illustration du principe général de la causalité. L'article 210, par ailleurs, qui dispose que nul ne commet un homicide coupable à moins que la mort ne survienne dans une période d'un an et un jour, semble carrément anachronique[41]. Cette règle visait sans doute à épargner au jury l'obligation de trancher des affaires où le lien entre l'acte répréhensible et le décès de la victime était problématique. De nos jours, cependant, son utilité est très contestable, dans la mesure où cette question peut être réglée de façon satisfaisante grâce aux connaissances actuelles en matière médicale et scientifique.

V. Comment améliorer l'agencement des dispositions relatives à l'homicide

Selon nous, les dispositions du *Code criminel* relatives à l'homicide pourraient être rendues beaucoup plus simples, plus claires et plus directes par l'adoption des mesures suivantes[42]. Premièrement, les articles 197 à 199, sur les obligations, devraient figurer dans la partie générale; l'article 205, où l'on établit la distinction entre l'homicide coupable et l'homicide non coupable, devrait être abrogé et le paragraphe 205(6), ainsi que les articles 207 à 211, qui renferment des dispositions spéciales en matière de causalité, devraient être remplacés par une règle générale sur la causalité figurant dans la partie générale. Ensuite, tous les détails superflus comme ceux que renferment les articles sur la causalité, devraient être supprimés. Enfin, il conviendrait d'éviter les définitions négatives, les chevauchements et les répétitions dont nous venons de parler.

Les dispositions qui, à l'instar des articles 197 à 199, énoncent des obligations, devraient être retirées de la partie spéciale pour figurer dans la partie générale. En effet, la fonction première de la partie spéciale est de créer des infractions; ce sont donc avant tout des textes d'incrimination que l'on devrait y trouver. Ceux-ci peuvent bien sûr être appuyés de dispositions accessoires où l'on trouve une définition plus précise des infractions ou des moyens de défense spécifiques. Il faut cependant éviter les dispositions «oiseuses», comme celles des articles 197 à 199, qui n'ont pour objet ni de définir des infractions, ni de prévoir des moyens de

défense spécifiques, surtout lorsque ces dispositions s'appliquent à d'autres infractions en sus de l'homicide. En toute logique, ces dispositions devraient être placées dans la partie générale, à la suite de l'article énonçant que l'omission n'entraîne la responsabilité pénale que s'il s'agit du défaut d'exécuter une obligation prescrite par la loi. On pourrait ensuite expliquer la nature de ces obligations, sur laquelle nous reviendrons un peu plus loin.

Ensuite, il conviendrait d'abroger l'article 205, qui établit une distinction entre l'homicide coupable et l'homicide non coupable. En premier lieu, une telle disposition est incompatible avec le reste du *Code*: en effet, aucun autre des chapitres où sont définies des infractions, ne commence par une telle classification. Ainsi, les dispositions relatives aux voies de fait ne sont pas précédées d'une distinction entre toucher et frapper, ni les dispositions relatives au vol, par une distinction entre prendre et voler. Pourquoi alors les dispositions relatives à l'homicide devraient-elles être introduites par une distinction entre l'homicide coupable et l'homicide non coupable?

En deuxième lieu, on peut critiquer cette disposition sur le plan de la rédaction. Comme nous l'avons déjà mentionné, les articles de la partie spéciale devraient se borner à définir les infractions, à énoncer des peines et à prévoir certains moyens de défense spécifiques. Les classifications d'ordre purement conceptuel n'ont pas leur place dans la partie spéciale.

En troisième lieu, chose plus grave encore, la présence de l'article 205 contredit la notion même de codification systématique du droit pénal. À la base de cette notion se trouve en effet le principe selon lequel les infractions devraient être définies dans la partie spéciale, la partie générale traitant des moyens de défense généraux et des principes de responsabilité. De ce point de vue, les dispositions relatives à l'homicide devraient se limiter à créer des infractions, et laisser à la partie générale le rôle de régler les questions de légalité.

Pour ces raisons, le chapitre sur l'homicide ne devrait pas commencer par une distinction entre l'homicide coupable et l'homicide non coupable. Il devrait d'emblée énoncer la définition des différents types d'infractions consistant à causer la mort. Si la mort est causée intentionnellement, par insouciance ou par négligence grave, l'homicide est forcément illégal ou coupable,

sous réserve de l'application d'une exemption, d'une justification ou d'une excuse générales, lesquelles figurent en conséquence dans la partie générale[43].

D'autre part, les paragraphes 205(5) et (6) ainsi que les articles 207 à 211 devraient être remplacés par une règle générale concernant la causalité et figurant dans la partie générale. En premier lieu, un code doit avoir pour objet de mettre en lumière les principes généraux, et non les détails. En second lieu, la notion de causalité suscite des problèmes tant dans d'autres domaines que dans celui de l'homicide[44]; les règles relatives à cette question devraient donc se retrouver dans la partie générale.

Il conviendrait par conséquent de supprimer toute règle spéciale concernant la mort qui aurait pu être empêchée ou la mort découlant du traitement de blessures. Il s'agit là de manifestations particulières d'une question plus générale, soit celle de savoir si l'on peut dire qu'un facteur précis est la cause d'un effet lorsque celui-ci résulte d'une combinaison de ce facteur avec d'autres facteurs. La réponse à cette question devrait se trouver dans une règle énoncée dans la partie générale. Nous reviendrons sur ce problème un peu plus loin dans le présent document. Pour l'instant, qu'il nous suffise de dire que les articles 207 et 208 devraient être abrogés.

D'autres dispositions n'ont plus aucune utilité de nos jours: c'est le cas des alinéas 205(5)c) et d), selon lesquels le fait de causer la mort d'une personne en l'effrayant constitue un homicide coupable, et de l'article 211, en vertu duquel ne constitue pas un homicide coupable le fait de causer la mort d'un être humain par quelque influence sur l'esprit[45]. Bien sûr, si l'on distingue l'homicide coupable de l'homicide non coupable et si l'homicide coupable consiste avant tout à causer la mort par un acte illégal, de telles dispositions sont essentielles, car le fait d'effrayer une autre personne ou d'avoir une influence sur son esprit ne constituent pas nécessairement des actes illégaux. Mais si l'on abandonne la distinction entre l'homicide coupable et l'homicide non coupable, et si tous les actes causant la mort sont réputés illégaux pourvu que le *mens rea* requis soit présent et qu'aucun moyen de défense général ne puisse être invoqué, ces dispositions supplémentaires deviennent alors inutiles. Par conséquent, les alinéas 205(5)c) et d) ainsi que l'article 211 devraient être abrogés; c'est la preuve qui déterminera si la mort d'une personne (dans le cas d'un enfant,

d'une personne malade ou d'un adulte normal) a été causée par la peur ou par quelque influence sur son esprit.

Le paragraphe 205(6) a également perdu toute utilité. Il dispose qu'une personne ne commet pas un homicide du seul fait qu'elle cause, par de faux témoignages, la condamnation d'une personne et sa mort par sentence de la loi. Il s'agit là essentiellement d'une ancienne règle de common law qui, depuis l'abolition de la peine de mort, est tombée en désuétude. Elle devrait par conséquent être abrogée.

Enfin, les articles 209 et 210 devraient subir le même sort. Le premier concerne le fait de hâter la mort et le second, la mort survenue dans une période d'un an et un jour. La règle selon laquelle le fait de hâter la mort[46] d'une personne qui est déjà mourante par suite d'une maladie, équivaut à causer sa mort, ne constitue qu'une illustration du principe général de la causalité dont nous avons discuté précédemment. Et comme nous l'avons souligné plus haut, la règle selon laquelle nul ne commet un homicide coupable à moins que la mort ne survienne dans une période d'un an et un jour, est un anachronisme.

Grâce aux modifications proposées ci-dessus, la complexité découlant de l'interdépendance des dispositions disparaîtrait dans une large mesure. Au lieu de fonder la définition de l'homicide involontaire sur celle du meurtre, et la définition du meurtre sur celle de l'homicide coupable, on pourrait simplement définir dans le *Code* le meurtre, l'homicide involontaire et le fait de causer la mort par négligence, chacun constituant une infraction par lui-même.

RECOMMANDATIONS

1. La distinction entre l'homicide coupable et l'homicide non coupable devrait être supprimée — l'article 205 devrait être abrogé.

2. Les dispositions imposant des devoirs particuliers devraient être remplacées par des dispositions figurant dans la partie générale — les articles 197 à 199 devraient être abrogés et remplacés par de nouvelles dispositions dans la partie générale.

3. Les dispositions particulières concernant la causalité devraient être remplacées par une disposition générale figurant dans la partie générale — les dispositions des alinéas 205(5)c) et d), du paragraphe 205(6) et des articles 207 à 211 devraient être abrogées et remplacées par de nouvelles dispositions dans la partie générale.

CHAPITRE DEUX

L'élément matériel de l'homicide[47]

Essentiellement, l'élément matériel des crimes d'homicide est défini de la façon suivante dans les dispositions du *Code*. Au paragraphe 205(5), l'homicide coupable est défini comme le fait de causer la mort d'un être humain au moyen d'un acte illégal, par négligence criminelle, en portant cet être humain, par des menaces ou la crainte de quelque violence, ou par supercherie, à faire quelque chose qui cause sa mort, ou en effrayant volontairement cet être humain, dans le cas d'un enfant ou d'une personne malade. Le fait de «causer la mort par de faux témoignages» est exclu de la catégorie des homicides coupables par le paragraphe 205(6). Selon le paragraphe 206(1), un «être humain» est une personne qui est née. Les articles 207 et 208 visent des cas où la mort aurait pu être évitée. L'article 209 concerne le fait de hâter la mort, tandis que l'article 210 précise que la mort doit survenir dans une période d'un an et un jour. Enfin, l'article 211 exclut le cas où la mort est causée par une influence sur l'esprit.

Il convient également d'ajouter à ces dispositions les articles 197 à 199 et 202. La négligence criminelle est définie au paragraphe 202(1): est coupable de négligence criminelle quiconque *a)* en faisant quelque chose, ou *b)* en omettant de faire quelque chose qu'il est de son devoir d'accomplir, montre une insouciance déréglée ou téméraire à l'égard de la vie ou de la sécurité d'autrui. Le terme «devoir» est défini au paragraphe 202(2) comme une obligation imposée par la loi. L'article 197 impose aux parents, aux tuteurs et à d'autres personnes l'obligation de fournir les choses nécessaires à l'existence de leurs enfants, de leurs conjoints ou des personnes à leur charge. Quant aux articles 198 et 199, ils concernent des obligations d'un caractère plus général. En résumé, l'élément matériel de l'homicide est formé des composants

suivants: (1) un acte ou une omission (2) qui cause (3) la mort (4) d'un autre (5) être humain.

I. Actes et omissions: obligations

La mort peut être causée par un acte ou une omission[48]. Dans ce contexte, on n'entend pas par «omission» le simple défaut d'accomplir un acte parmi une série d'actes qui composent la conduite reprochée à l'accusé, comme le fait pour un automobiliste de ne pas appuyer correctement sur les freins lorsqu'il conduit, le défaut de signaler son arrivée d'une façon appropriée ou le fait de ne pas être suffisamment attentif, car toutes ces omissions peuvent également être considérées comme une façon d'agir répréhensible, par exemple, mal conduire. Le terme «omission» désigne plutôt le fait «de ne rien faire», par exemple, le fait de ne pas secourir une personne, de ne pas l'aider, de ne pas lui fournir les choses nécessaires à la vie; autrement dit, le fait de ne pas agir.

Mais dans quels cas une personne doit-elle être considérée comme responsable de ne pas avoir agi? Essentiellement, sa responsabilité devrait être engagée lorsqu'elle avait le devoir de faire quelque chose[49]. Sur le plan moral, une personne ne peut être blâmée pour une omission à moins d'avoir eu le devoir moral d'agir. De même, elle ne peut être responsable sur le plan juridique que si la loi l'oblige à faire quelque chose. Comme nous l'avons déjà souligné, cette règle de droit et tout raffinement que l'on pourrait y apporter ne devraient pas figurer parmi les dispositions sur l'homicide, mais bien dans la partie générale. C'est pourquoi dans le document de travail n° 29, l'article 3 dispose, d'une façon générale, que nul ne commet une infraction en raison d'une omission, à moins d'omettre de remplir une obligation imposée par la loi.

Mais de quelle loi s'agit-il[50]? La responsabilité pénale peut-elle découler de l'omission de remplir des obligations imposées par quelque loi que ce soit, ou seulement de l'omission de remplir une obligation imposée par le *Code criminel* lui-même? Le terme «loi» n'a pas été défini dans le document de travail n° 29, à l'article 3, et d'après le sens qui lui est donné dans la jurisprudence, il désigne toute loi, y compris le common law. Après réflexion, toutefois, nous recommandons de lui conférer une signification restreinte, et d'en limiter la portée au *Code criminel*.

Il semble que cette position ait été retenue par les rédacteurs du *Code* de 1953-1954[51]. S'ils avaient voulu sanctionner le respect d'autres obligations, pourquoi auraient-ils pris la peine d'en énumérer quelques-unes aux articles 197 à 201? Ils estimaient que ces précisions s'imposaient si l'on voulait être certain que la mort découlant d'un manquement à ces obligations constituerait un homicide coupable et cela nous incite à croire qu'ils n'ont jamais eu l'intention de viser d'autres obligations.

À notre avis, cette position initiale était la bonne. Les obligations dont la transgression constitue un crime doivent être limitées aux obligations imposées par le droit pénal, sous peine de voir en résulter deux conséquences peu souhaitables. En premier lieu, étant donné le nombre d'obligations qui existent en dehors du droit pénal, la responsabilité des citoyens deviendrait par trop aléatoire. En effet, nul ne peut connaître toutes les obligations imposées par les textes de loi qui existent au Canada. En deuxième lieu, la responsabilité pénale des citoyens pourrait varier d'une province à l'autre[52]: par exemple, le défaut de fournir les nécessités de la vie à un concubin mourant ne constituerait pas un homicide en Ontario mais pourrait en constituer un au Québec parce que dans la *Charte des droits et libertés de la personne* de cette province, on retrouve une disposition sanctionnant le «droit au secours». Or, le droit pénal doit être uniforme dans tout le pays et doit être établi par le Parlement[54].

Voyons l'exemple suivant: A1 et A2 possèdent chacun un restaurant dans les villes de X et Y respectivement. Des incendies éclatent accidentellement dans les deux restaurants, et des clients y périssent[55]. Les victimes ne seraient pas mortes s'il y avait eu une sortie de secours dans chaque restaurant. Or, dans la ville de X, contrairement à la ville de Y, il existe un règlement qui oblige les propriétaires de restaurant à aménager une telle sortie de secours. Ainsi, A1 a-t-il manqué à une obligation imposée par la loi et a automatiquement commis un homicide involontaire coupable, contrairement à A2. Voilà le résultat absurde auquel on arriverait si le terme «loi» désignait toutes les règles de droit en vigueur au Canada. De toute évidence, la responsabilité pénale de A1 et de A2 ne doit pas dépendre de l'existence éventuelle d'un règlement municipal.

Pour éviter ces conséquences peu souhaitables — le manque de certitude et d'uniformité — les obligations visées devraient être

énoncées de façon exhaustive dans le *Code criminel*. Le lecteur ne devrait donc pas être tenu de recourir à d'autres sources (le common law, le droit provincial ou le droit municipal) afin de connaître ses obligations. Tout le droit pénal devrait figurer dans un seul texte de loi autonome dont l'application ne dépendrait pas de l'existence d'autres règles de droit.

Il arrive toutefois qu'une telle exhaustivité soit impossible. Le vol, par exemple, consiste dans une atteinte malhonnête aux droits de propriété d'autrui. La nature de ces droits est intimement liée aux règles concernant la propriété, la possession et le transfert de la propriété, qui sont bien entendu des questions de droit civil. Dans ce cas, il est clair que le droit pénal doit s'appuyer sur d'autres branches du droit. Cela est dû en partie au fait que le droit pénal traite d'atteintes à des droits qui sont définis ailleurs et en partie au fait que le droit régissant les droits de propriété est beaucoup trop complexe et volumineux pour être intégré à un code pénal.

Il en va tout autrement des obligations dont il est question ici. Elles n'ont pas à être rattachées à un ensemble complexe de droits en dehors du droit pénal. En fait, elles puisent leur source dans le droit pénal lui-même. Par exemple, les jeunes enfants ont le droit d'obtenir de leurs parents les choses nécessaires à l'existence parce qu'en common law, les parents qui laissaient mourir leurs enfants, faute de leur fournir les choses nécessaires à l'existence, commettaient un homicide coupable. En outre, ces obligations sont relativement peu nombreuses, comme en font foi les dispositions du *Code* actuel, et sont de nature générale, fondamentale et évidente.

Quelles devraient être ces obligations? En common law, les obligations étaient réparties en obligations (1) naturelles et (2) assumées[56]. Les obligations naturelles étaient les obligations des parents envers leurs jeunes enfants. Les obligations assumées consistaient dans les obligations volontairement contractées, comme celles des tuteurs, des médecins et des infirmières.

Dans cette perspective, le *Code criminel* énonce les obligations suivantes. L'article 197 impose aux parents, aux parents adoptifs, au tuteur et au chef de famille l'obligation de fournir les choses nécessaires à l'existence d'un enfant de moins de seize ans. Aux personnes mariées, il impose le devoir de fournir les choses

nécessaires à l'existence de leur conjoint. Enfin, il oblige chacun à fournir les choses nécessaires à l'existence des personnes qui sont à sa charge, si ces dernières sont incapables d'y pourvoir elles-mêmes. Selon l'article 198, quiconque entreprend d'administrer un traitement chirurgical ou médical est tenu d'apporter, en ce faisant, une connaissance, une habileté et des soins raisonnables. Enfin, d'après l'article 199, quiconque entreprend d'accomplir un acte est légalement tenu de l'accomplir si une omission à cet égard met ou peut mettre la vie humaine en danger.

On retrouve également des devoirs d'un caractère plus spécifique dans d'autres chapitres du *Code criminel*. L'article 77, par exemple, dispose que quiconque a une substance explosive en sa possession est dans l'obligation légale de prendre des précautions raisonnables pour que cette substance explosive ne cause pas de blessures à autrui. D'après l'article 242, quiconque pratique une ouverture dans une étendue de glace accessible au public a le devoir légal de la protéger d'une manière suffisante pour empêcher que des personnes n'y tombent par accident, et quiconque laisse une excavation sur un terrain qui lui appartient a une obligation similaire[57].

Au lieu d'être dispersées parmi les dispositions de la partie spéciale, ces obligations devraient à notre avis être régies par un principe énoncé dans la partie générale. En premier lieu, en effet, elles ont tout compte fait un caractère très général; celles qui sont visées par les articles 77 et 242 n'en sont de toute évidence que des manifestations particulières. En second lieu, elles s'appliquent également hors du champ de l'homicide: le manquement à la plupart d'entre elles constitue une infraction en soi et lorsque l'on exige qu'un préjudice ait été causé, ce dernier ne doit pas nécessairement être la mort[58].

C'est donc en reconsidérant les dispositions de la partie générale que l'on sera le mieux en mesure d'étudier à fond la nature de ces obligations. Soit dit en passant, si les recommandations du rapport n° 20 devenaient loi, le fait de laisser mourir un patient en phase terminale, à sa demande, ne serait plus considéré comme un homicide[59]. En effet, si les médecins ne sont plus tenus par la loi de prolonger un traitement à moins que le patient ne l'exige expressément, le fait de ne pas prolonger le traitement cessera de constituer un manquement à une obligation prescrite par la loi.

II. La causalité[60]

Comme nous l'avons déjà souligné, la façon dont la question de la causalité est traitée dans le *Code criminel* est pour le moins discutable. Au lieu d'une règle ou d'un principe général, on y trouve simplement diverses règles particulières s'appliquant à des cas précis. Et la notion de causalité n'est pas abordée comme s'il s'agissait d'une règle générale s'appliquant à de nombreux crimes, mais bien comme si ces dispositions ne régissaient que l'homicide.

Les règles en question figurent au paragraphe 205(6) ainsi qu'aux articles 207 à 209 et 211. En vertu du paragraphe 205(6), une personne ne commet pas un homicide du seul fait qu'elle cause la mort d'un être humain en amenant, par de faux témoignages, la condamnation et l'exécution de cet être humain. L'article 207 dispose quant à lui que lorsqu'une personne fait une chose qui entraîne la mort d'un être humain, elle cause la mort de cet être humain, bien que la mort eût pu être empêchée par le recours à des moyens appropriés. Selon l'article 208, lorsqu'une personne cause à un être humain une blessure corporelle qui est en elle-même de nature dangereuse et dont résulte la mort, elle cause la mort de cet être humain, bien que la cause immédiate de la mort soit un traitement convenable ou impropre appliqué de bonne foi. Par ailleurs, lorsqu'une personne cause à un être humain une blessure corporelle qui entraîne la mort, elle cause la mort de cet être humain, aux termes de l'article 209, même si cette blessure n'a pour effet que de hâter sa mort en raison d'une maladie ou d'un désordre provenant de quelque autre cause. Enfin, l'article 211 dispose que sauf pour ce qui concerne le fait de causer la mort d'un enfant ou d'une personne malade en l'effrayant volontairement, nul ne commet un homicide coupable lorsqu'il cause la mort d'un être humain par quelque influence sur l'esprit seulement ou par quelque désordre ou maladie résultant d'une influence sur l'esprit.

Selon nous, de tels détails n'ont pas leur place dans un code, ce dernier devant normalement énoncer des principes généraux. Il est inutile de parler de la mort causée par un traitement médical ou l'absence de traitement, car il ne s'agit que d'une application particulière des principes généraux en matière de causalité. D'autre part, il est inutile, de nos jours, de parler de la mort causée par de faux témoignages, pour les raisons données aux pages 26 et 29. De même, pour les raisons mentionnées à la page 29, il n'est pas

nécessaire d'avoir une disposition particulière concernant le fait de causer la mort d'une personne en l'effrayant. Enfin, les dispositions relatives au fait de hâter la mort sont également inutiles puisque, encore une fois, il s'agit d'une application particulière des principes généraux en matière de causalité. Toutes ces dispositions particulières devraient être remplacées par une règle générale figurant dans la partie générale, à l'article 3, par exemple, afin d'expliquer les termes «causer cette conséquence».

Mais comment une telle règle devrait-elle être formulée? De toute évidence, la loi doit établir une distinction entre les causes et les conditions. Ce n'est pas parce que la conduite illégale de A constitue une condition nécessaire de la mort de V qu'il s'agit nécessairement d'une cause de celle-ci. Ce ne sont pas toutes les conditions nécessaires — ni tous les facteurs — qui équivalent à une cause. La cause est le facteur auquel on attribue une conséquence.

Sur quoi peut-on se baser pour attribuer ainsi une conséquence à un facteur? Il est évident que rien ne résulte exclusivement d'un seul acte ou fait. Ainsi, l'incendie criminel n'aurait pas eu lieu en l'absence d'oxygène, un coup de feu n'aurait pas pu tuer sans l'application des lois de la balistique, et ainsi de suite. Habituellement, cela ne soulève aucune difficulté, dans la mesure où l'on peut généralement déceler un facteur principal parmi tous les autres. Mais parfois, à cause de l'existence d'un facteur secondaire, il devient difficile de déterminer auquel de ces facteurs on doit attribuer le résultat[61].

Imaginons par exemple le cas où, après avoir été blessé par A, V serait traité à l'hôpital et mourrait[62]. Dans un tel cas, quelle est la cause de la mort de V? La blessure infligée par A, le traitement reçu à l'hôpital, ou les deux?

En toute logique, la réponse dépend de la nature du traitement en question. Si ce traitement est donné de bonne foi mais ne peut contribuer à sauver la vie de V, la blessure infligée par A peut être considérée comme la cause de la mort de V. En revanche, si le traitement n'est pas appliqué de bonne foi, ou s'il est manifestement impropre — supposons par exemple que, par suite d'une erreur, on ait enlevé à V le mauvais rein — c'est le traitement, et non la blessure infligée par A, qui sera considéré comme la cause de la mort. La personne qui se trouve dans la situation de A doit

prévoir la possibilité que le traitement appliqué en toute bonne foi à la blessure de V reste infructueux. Par contre, elle n'a pas à prévoir la possibilité d'un traitement carrément impropre ou donné de mauvaise foi.

En pareil cas, la réponse dépend donc du caractère prévisible du facteur qui intervient ultérieurement. Lorsqu'il est possible de prévoir celui-ci dans le cours habituel des choses (par exemple, un certain degré d'insouciance ou de négligence), l'auteur de l'acte initial doit en supporter les conséquences. Mais lorsque l'existence de ce facteur était totalement imprévisible (par exemple, un traitement impropre administré de façon intentionnelle, par insouciance ou par négligence grave), l'auteur de l'acte initial n'est pas responsable du résultat. En termes juridiques, dans des cas semblables à celui décrit ci-dessus, la chaîne de causalité entre la blessure infligée par A et la mort de V est rompue par un fait qui a contribué à la mort de V (*novus actus interveniens*), et qui n'était en aucun cas raisonnablement prévisible dans les circonstances[63].

Voilà comment, selon nous, la plupart des problèmes de causalité peuvent être réglés à partir du simple bon sens, sur lequel notre droit doit ultimement reposer. Le nouveau code pénal devrait contenir un principe conçu dans cet esprit. Mais comme la portée de la notion de causalité n'est pas limitée au contexte des homicides, ce principe devrait figurer dans la partie générale, et non au sein des dispositions relatives à l'homicide.

III.   La mort

Toutes les infractions d'homicide supposent une mort. Habituellement, cela ne soulève aucun problème de nature juridique. Dans la plupart des cas, en effet, le décès de la victime peut être établi avec certitude. Il ne reste ensuite qu'à démontrer comment il est survenu.

Parfois, cependant, les progrès de la science médicale donnent lieu à certaines difficultés juridiques[64]. Posons le cas suivant: A blesse mortellement V, ce dernier est conduit à l'hôpital et, après la cessation irréversible de toutes ses fonctions cérébrales, son cœur est prélevé afin d'être transplanté. V est-il mort avant le prélèvement de son cœur? Dans l'affirmative, on peut dire que A a causé sa mort. Mais si ce n'est pas le cas, il est impossible d'en

arriver à cette conclusion, étant donné le principe de la causalité proposé ci-dessus: on est forcé de conclure que la mort de V a été causée par les médecins.

À ce sujet, la Commission a constaté la nécessité d'adopter des critères de détermination de la mort et a fait des recommandations finales dans son rapport n° 15. Elle est arrivée aux conclusions suivantes: l'adoption d'une définition légale de la mort est nécessaire afin d'éviter l'arbitraire et d'apporter une plus grande certitude au public, aux médecins et aux juristes; la définition devrait être suffisamment souple pour permettre l'adaptation aux changements médicaux; elle devrait avoir un caractère général et un champ d'application universel; enfin, elle devrait être insérée dans la *Loi d'interprétation*.

Voici le texte de la définition proposée:

> Pour toutes les fins qui sont de la compétence du Parlement du Canada: une personne décède au moment où elle subit une cessation irréversible de l'ensemble de ses fonctions cérébrales. La cessation irréversible des fonctions cérébrales peut être constatée à partir de l'absence prolongée de fonctions circulatoire et respiratoire spontanées. Lorsque l'utilisation de mécanismes de soutien rend impossible la constatation de l'absence prolongée des fonctions circulatoire et respiratoire spontanées, la cessation irréversible des fonctions cérébrales peut être constatée par tout moyen reconnu par les normes de la pratique médicale courante.

IV.   [...] d'un être humain

La victime d'un homicide doit être un être humain. Il y a trois cents ans, lord Coke définissait le meurtre comme le fait de tuer une [TRADUCTION] «créature existante et douée de raison[65]». Dans cette définition, les mots «créature douée de raison» désignaient un être humain et le terme «existante» ne visait que les victimes déjà nées. Pour peu que la victime fût déjà née, il restait absolument illégal de la tuer, même si elle avait consenti à sa propre mort ou même si sa personne se confondît avec celle du meurtrier[66].

En vertu du *Code*, les règles sont toujours les mêmes à cet égard, à une exception près. Hormis que le suicide et, partant, la tentative de suicide, ne constituent plus un crime[67], les règles

relatives aux victimes et au consentement restent les mêmes qu'en common law[68].

V. La victime doit être déjà née

Traditionnellement, l'homicide était limité, en droit pénal, aux victimes déjà nées[69]. Le fait de tuer un enfant après la naissance, par une blessure prénatale ou post-natale, constituait un homicide, mais si l'on tuait un enfant avant la naissance, il ne s'agissait pas d'un homicide. La victime devait en effet être «une créature existante et douée de raison», c'est-à-dire être déjà née.

Non pas que le fait de tuer un enfant avant la naissance ne fût pas un crime — bien au contraire, il s'agissait, selon lord Coke, d'un [TRADUCTION] «forfait très grave[70]» — cet acte n'était néanmoins pas considéré comme un meurtre ni un homicide involontaire coupable.

Cette règle s'applique encore au Canada[71]. Le paragraphe 205(1) du *Code criminel* dispose qu'une personne commet un homicide si elle «... cause la mort d'un être humain». Or, on trouve la définition de l'expression «être humain» au paragraphe 206(1): «un enfant devient un être humain au sens de la présente loi lorsqu'il est complètement sorti, vivant, du sein de sa mère ...». Le fait de tuer un enfant dans le sein de sa mère ne constitue donc pas un homicide en droit pénal canadien[72].

Ces dispositions sont critiquables tant sur le plan de la forme que sur celui du fond. D'abord sur le plan de la forme: si l'homicide doit être restreint aux victimes déjà nées, la solution qu'énonce le *Code criminel* est-elle la meilleure à cette fin? Quant au fond, il est permis de se demander si l'homicide devrait être restreint aux victimes déjà nées ou si sa portée devrait être étendue, de façon à viser également les victimes non encore nées.

En ce qui concerne la forme, les dispositions en question sont manifestement insatisfaisantes. Pour restreindre l'homicide aux victimes déjà nées, on procède en deux étapes. Premièrement, le paragraphe 205(1) dispose que l'homicide est le fait de causer la mort d'un être humain. Deuxièmement, le paragraphe 206(1) restreint d'une façon artificielle le terme «être humain» à l'enfant

sorti vivant du sein de sa mère[73]. Or, pourquoi ne pas avoir énoncé clairement que l'homicide consiste à tuer une personne déjà née?

Sur le plan du fond, la question est plus difficile à résoudre. D'une part, il semble artificiel dans ce contexte de tirer une ligne arbitraire entre la victime née et la victime non encore née. Est-il logique que dans le cas où A blesse volontairement un enfant dans le sein de sa mère, il commet un meurtre si l'enfant meurt par suite de la blessure cinq minutes après sa naissance, et qu'il ne commette aucune forme d'homicide si l'enfant meurt cinq minutes avant sa naissance? Pourtant, l'adoption de toute autre solution ne serait pas sans soulever d'autres difficultés. En effet, il faudrait dès lors établir une distinction entre l'enfant conçu et l'enfant non encore conçu, entre l'embryon et le fœtus, ou encore entre le fœtus viable et le fœtus non viable. Or, ces distinctions seraient tout aussi arbitraires.

Du reste, l'arbitraire n'est pas le seul problème dans ce contexte. La question fondamentale reste la suivante: quelle position doit-on adopter à l'égard de l'enfant qui est encore dans le sein de sa mère? Quoi qu'il en soit, nous recommandons qu'aucune modification ne soit apportée, pour l'instant, aux règles actuelles car nous avons l'intention de traiter l'ensemble de la question des victimes non encore nées dans un document de travail distinct. En effet, si l'homicide ordinaire ne pose aucun problème particulier sur le plan de la déontologie médicale, l'acte consistant à tuer une victime non encore née ne peut être examiné en profondeur sans que les problèmes de cet ordre soient étudiés de façon détaillée. C'est pourquoi la question de l'homicide dans le cas de victimes non encore nées sera analysée ultérieurement, en même temps que les infractions visées par les articles 221 (le fait de tuer, au cours de la mise au monde, un enfant non encore né), 226 (la négligence à se procurer de l'aide lors de l'enfantement), 227 (la suppression de part) et 251 (le fait de procurer un avortement).

Dans un autre ordre d'idée, rappelons que l'illégalité d'un homicide n'est aucunement atténuée par le consentement de la victime. Dans le cas du meurtre et de l'homicide involontaire coupable, contrairement à celui des voies de fait, la loi n'exige pas expressément que l'acte ait été commis contre la volonté de la victime. Du reste, c'est justement pour cette raison que l'euthanasie *active* est considérée comme un meurtre[74].

On trouve dans le *Code* actuel un article traitant spécifiquement de cette question. L'article 14 dispose en effet que nul n'a le droit de consentir à ce qu'on lui inflige la mort et qu'un tel consentement n'atténue pas la responsabilité pénale du meurtrier.

Une telle disposition est selon nous inutile. En premier lieu, aux termes du *Code*, l'homicide coupable consiste tout simplement à causer la mort d'un être humain. On ne trouve pas dans cette définition l'expression «sans son consentement» ou un équivalent, comme c'est le cas dans la disposition correspondante en matière de voies de fait. En second lieu, le *Code* ne renferme aucune disposition selon laquelle le consentement de la victime constitue d'une façon générale un moyen de défense. Il est par conséquent inutile d'ajouter une exception en termes explicites dans le cas de l'homicide.

Si l'on adopte de nouvelles dispositions en matière d'homicide, le meurtre, l'homicide involontaire coupable et le fait de causer la mort par négligence criminelle seront probablement tous définis par l'expression «causer la mort d'autrui». Dans cette hypothèse, l'absence de consentement de la victime ne constituerait pas davantage un élément essentiel de ces infractions que ce n'est le cas actuellement. Il serait donc inutile d'adopter une disposition analogue à celle de l'article 14.

Rappelons que lorsque nous avons étudié l'agencement des dispositions en matière d'homicide, nous avons déjà recommandé d'abandonner la distinction entre l'homicide coupable et l'homicide non coupable, de replacer dans la partie générale les dispositions relatives aux obligations, et de substituer aux règles particulières sur la causalité une règle figurant dans la partie générale. Nous faisons en outre les recommandations suivantes, qui touchent pour leur part l'élément matériel des infractions d'homicide.

RECOMMANDATIONS

4. Conformément au droit actuel, seule une personne déjà née devrait pouvoir être victime d'un homicide. Cette disposition devrait toutefois être formulée en termes explicites, et non au moyen d'une restriction artificielle de l'expression «être humain».

5. Aucune définition de la mort ne devrait figurer dans le *Code*, à condition toutefois que la définition recommandée dans le rapport nᵒ 15, intitulé *Les critères de détermination de la mort*, soit incluse dans la *Loi d'interprétation*.

CHAPITRE TROIS

L'élément moral de l'homicide

Dans le contexte de l'homicide, la question la plus épineuse reste celle de l'élément moral caractérisant chaque type d'homicide. De fait, toutes les infractions participant de l'homicide comportent un aspect matériel commun: la mort d'une personne résultant de la conduite de l'accusé, et causée illégalement, c'est-à-dire au moyen d'un acte illégal, par négligence criminelle, et ainsi de suite. Ces infractions ne diffèrent que sur le plan de l'état d'esprit de l'accusé: le meurtre est un homicide coupable commis dans l'intention de tuer ou dans un autre état d'esprit déterminé[75], alors que l'homicide involontaire coupable (''*manslaughter*'') embrasse toutes les autres formes d'homicide coupable[76]. Dans ces conditions, la question qui se pose est la suivante: le droit devrait-il continuer de faire une distinction entre les différents types d'homicide suivant l'état d'esprit de l'auteur du crime?

Il est vrai que, indépendamment des prescriptions de la loi, on apprécie généralement la gravité d'un acte par rapport à l'état d'esprit de l'auteur de cet acte. Lorsqu'une personne porte atteinte à autrui sans justification ni excuse, la mesure dans laquelle elle peut être blâmée dépend de son état d'esprit. Ainsi, elle n'est pas blâmable si l'atteinte résulte d'un accident absolument inévitable. Si l'atteinte résulte d'un accident qui eût pu être évité, la conduite de la personne prête à la critique. Si la personne a agi d'une façon manifestement déraisonnable, elle s'attire un blâme sérieux. Si elle a consciemment et délibérément exposé la victime à un danger grave et injustifié, elle s'expose à un blâme encore plus sévère. Enfin, si elle a agi à dessein, sa conduite est la plus répréhensible qui soit.

Les règles de droit actuelles concernant l'homicide reflètent ces distinctions fondées sur le simple bon sens. La personne qui

cause la mort d'un être humain par suite d'un accident inévitable, n'est aucunement responsable. Celle qui tue par simple négligence est responsable sur le plan civil et doit indemniser sa victime. La personne qui agit par négligence grave est pénalement responsable d'avoir causé la mort par négligence criminelle, ou se rend coupable d'homicide involontaire coupable. Enfin, la personne qui tue intentionnellement (ou par insouciance, dans certains cas) peut être trouvée coupable de meurtre.

À cet égard, les règles du droit canadien en matière d'homicide présentent trois caractéristiques dignes de mention. Premièrement, le seuil de la responsabilité pénale n'est franchi que s'il s'agit en l'espèce de négligence grave. Deuxièmement, le sens des termes «négligence grave» et «négligence criminelle» est loin d'être clair: en common law, la négligence consiste dans une conduite qui ne satisfait pas à la norme des soins raisonnables, et la négligence grave ou criminelle (qu'elle résulte de l'inadvertance ou de l'intervention d'un autre facteur) consiste dans une conduite s'écartant encore plus de cette norme[77]. Par contre, suivant la décision rendue par la Cour suprême du Canada dans l'affaire *O'Grady* v. *Sparling*[78], pour être criminellement négligente, une personne doit savoir que son acte ou son omission est susceptible de mettre en danger la vie ou la sécurité d'autrui, c'est-à-dire être insouciante. Pourtant, et cela constitue la troisième caractéristique, dans une certaine mesure, l'insouciance est assimilée à l'intention: le fait pour une personne de tuer sans en avoir l'intention mais en sachant que son acte est susceptible de causer la mort, constitue un meurtre, comme si cette personne avait agi à dessein.

Nous ne pouvons que nous féliciter de ce que le droit pénal soit au diapason du bon sens et de la morale. En effet, le droit actuel distingue et nomme les différents types d'homicide suivant l'état d'esprit de l'auteur du crime, et cette position nous paraît bien fondée. Par conséquent, dans l'optique de l'élaboration d'un nouveau *Code*, deux questions se posent. En premier lieu, quel doit être l'élément moral des différents types d'homicide? En second lieu, quelle nomenclature devrait-on utiliser pour désigner chacune des infractions participant de l'homicide?

La nomenclature des différents types d'homicide pose un problème difficile. D'une part, les termes «meurtre» et «*manslaughter*» ont été sanctionnés par des siècles d'usage et de tradition, de sorte qu'un code pénal où ils ne figureraient pas,

paraîtrait insolite, voire abâtardi. D'autre part, dans la mesure où nous recommandons de redéfinir les infractions, le maintien de ces deux termes pourrait prêter à confusion. Pour le moment, nous utiliserons les termes «homicide intentionnel» et «homicide par insouciance» pour désigner les catégories d'homicide qui nous paraissent appropriées.

I. L'élément moral de l'homicide «intentionnel»

La question fondamentale est sans doute celle de savoir quel devrait être l'élément moral du plus grave des homicides. Autrement dit, dans quelles conditions l'un des états d'esprit caractérisant un homicide est-il différent des autres au point de justifier une distinction légale?

En common law, la distinction traditionnelle reposait sur la préméditation. Le meurtre était un homicide coupable commis avec préméditation (*"with malice aforethought"*) alors que le *"manslaughter"* était un homicide coupable non prémédité (*"without malice"*)[79].

La forme la plus nette du meurtre, le cas typique, consistait à tuer avec l'intention de tuer, c'est-à-dire à dessein. Pourtant, en common law, cela n'était certainement pas la seule forme du meurtre, puisqu'il en existait plusieurs autres catégories correspondant à d'autres formes de préméditation (*"malice"*). Comme nous l'avons déjà expliqué[80], selon Stephen, commettait un meurtre suivant le common law, quiconque tuait:

(1) avec l'intention de tuer ou d'infliger des blessures graves;

(2) en sachant que l'acte commis causerait probablement la mort ou des blessures graves;

(3) avec l'intention de commettre un *"felony"* quelconque;

(4) avec l'intention de résister par la force à tout fonctionnaire de la justice agissant dans l'exécution de certaines de ses fonctions.

L'analyse de ces quatre formes de la préméditation révèle que le common law reconnaissait au moins six types distincts de meurtre, soit un cas typique et cinq cas complémentaires:

(1) Tuer avec l'intention de tuer;

(2) Tuer avec l'intention d'infliger des lésions corporelles;

(3) Tuer en sachant que l'acte commis causera probablement la mort;

(4) Tuer en sachant que l'acte commis causera probablement des lésions corporelles graves;

(5) Tuer avec l'intention de commettre un *"felony"*; et

(6) Tuer avec l'intention de résister par la force à un fonctionnaire de la justice.

En 1892, cependant, la question de savoir quel devait être l'élément moral du meurtre, faisait l'objet de vives controverses[81]. D'aucuns, comme Macaulay[82], R. S. Wright[83] et Stephen[84] lui-même, souhaitaient restreindre la définition du meurtre aux cas où l'état d'esprit du coupable correspondait à l'intention de tuer ou à l'insouciance, de façon à éliminer la règle du meurtre consistant dans un homicide concomitant d'un *"felony"*, de même que la quatrième forme de la préméditation établie par Stephen. D'autres, dont la majorité des commissaires responsables de l'élaboration du projet de code britannique, désiraient conserver la notion de préméditation réputée (*"constructive malice"*)[85]. Finalement, aussi bien dans le projet de code britannique que dans le *Code* canadien de 1892, on retint les quatre formes de la préméditation formulées dans le *Digest* de Stephen, quoique avec des différences notables.

A. L'intention de tuer

Pour commencer, la forme la plus nette du meurtre, qui venait en tête de la liste de Stephen, figure également au tout début des dispositions actuelles sur le meurtre. En effet, l'énumération des formes de la préméditation établie par Stephen commençait par «l'intention de tuer». Aux termes de l'article 212 du *Code criminel*, un homicide coupable est un meurtre lorsque la personne qui cause la mort d'un être humain «a l'intention de causer sa mort». Cette forme du meurtre consiste donc dans la poursuite d'un «dessein».

B. L'insouciance

Viennent ensuite les deuxième, troisième et quatrième formes du meurtre énumérées à la page 45 (l'intention d'infliger des lésions

corporelles graves, savoir que l'acte est susceptible d'entraîner la mort et savoir que l'acte est susceptible d'entraîner des lésions corporelles graves). Ces différents états d'esprit, on s'en souviendra, sont visés en partie par la première forme de la préméditation établie par Stephen, et en partie par la deuxième[87]. Dans le *Code* canadien, ils sont visés en partie par le sous-alinéa 212*a*)(ii), et en partie par l'alinéa 212*c*). Toutefois, l'effet de ces dispositions diffère considérablement de la façon dont ces cas étaient réglés par le common law.

Prenons par exemple le cas (2) (tuer avec l'intention d'infliger des lésions corporelles graves). En common law, ce type d'homicide est visé par la première forme de la préméditation et constitue indubitablement un meurtre. En vertu du *Code criminel*, il en va tout autrement puisqu'un homicide ne constitue un meurtre que dans deux cas. Le premier est celui où la personne qui cause la mort d'un être humain a l'intention de lui causer des lésions corporelles qu'elle sait être de nature à causer sa mort, et qu'il lui est indifférent que la mort s'ensuive ou non (sous-alinéa 212*a*)(ii)). Le second cas est celui où, à une fin illégale, la personne fait quelque chose qu'elle sait ou devrait savoir de nature à causer la mort (alinéa 212*c*)).

Ainsi, les dispositions du *Code* se distinguent des règles du common law sous deux rapports. En premier lieu, il ne suffit plus que l'auteur du crime ait l'intention d'infliger des lésions corporelles graves. En effet, aux termes du sous-alinéa 212*a*)(ii), il doit avoir l'intention d'infliger des lésions corporelles «qu'il sait être de nature à causer la mort». Autrement dit, le sens du mot «grave» a été restreint de façon à désigner des lésions corporelles que le coupable «sait être mortelles». En conséquence, pour reprendre un exemple donné par M. le professeur Hooper[88], si une personne administre une bonne volée de coups à une autre personne sans vouloir sa mort, mais si cette dernière meurt quand même, elle est coupable de meurtre suivant le common law mais non aux termes du sous-alinéa 212*a*)(ii).

En second lieu, il ne suffit plus que l'auteur de l'homicide sache que son acte peut entraîner la mort ou des blessures «mortelles». D'après le sous-alinéa 212*a*)(ii), le coupable devait *avoir l'intention* d'infliger des lésions corporelles. Prenons un autre exemple du professeur Hooper: A tire sur X sans avoir la moindre intention de le blesser, mais plutôt en vue de l'effrayer. Pourtant,

A étant un piètre tireur, il sait que son acte peut tuer X ou le blesser, mais dans les circonstances il accepte le risque. Si A tue X, il est sans aucun doute coupable de meurtre suivant le common law. Mais est-il coupable de meurtre aux termes du sous-alinéa 212a)(ii)? Certainement pas; il n'avait pas l'intention d'infliger des lésions corporelles à X[89].

Par ailleurs, la personne qui sait que son acte entraînera la mort peut être trouvée coupable de meurtre suivant l'alinéa 212c) du *Code*; mais l'acte en lui-même ne suffit pas. En effet, celui-ci doit avoir été fait *pour une fin illégale*. La jurisprudence a fini par établir une distinction très nette entre la «fin illégale» et l'acte lui-même. Le but illégal poursuivi doit être un acte criminel grave dont la définition exige le *mens rea*[90].

En outre, les dispositions de l'alinéa 212c) ont introduit de nouveaux éléments. Premièrement, elles prévoient qu'une personne commet un meurtre lorsque «pour une fin illégale, [elle] fait *quelque chose* ...». La portée du terme «quelque chose» a fait l'objet d'une jurisprudence assez abondante[91]. À l'heure actuelle, il semble que ce terme désigne un acte dangereux pour la vie[92].

Deuxièmement, la portée de l'alinéa 212c) n'est pas limitée à l'acte que l'auteur savait être de nature à causer la mort, mais s'étend également à l'acte que l'auteur de l'infraction *aurait dû savoir* être de nature à causer la mort. Comme l'a suggéré le professeur Hooper[93], il est possible qu'à l'origine, cette extension ait été introduite, non pas en vue de modifier les règles de fond, mais plutôt à une époque où l'accusé n'était pas admis à témoigner en vue d'établir une présomption d'intention, c'est-à-dire prévoir que dans le cas où l'accusé «aurait dû savoir», il était coupable de meurtre. Autrement dit, il s'agissait du cas où l'on pouvait manifestement tenir pour acquis que l'accusé savait. Quoi qu'il en soit, la jurisprudence a, par la suite, donné à ces mots un sens objectif, de sorte qu'indépendamment de la connaissance réelle de l'accusé, celui-ci pouvait être trouvé coupable de meurtre dans la mesure où une personne raisonnable aurait eu la connaissance requise[94]. De nos jours, cependant, les tribunaux semblent enclins à adopter une position plus subjective, et à utiliser le critère de la personne raisonnable comme un simple moyen de déterminer la connaissance véritable de l'accusé[95].

Indépendamment de toute autre considération, l'analyse des dispositions de l'article 212 révèle clairement que dans ce domaine,

le droit est particulièrement ardu et complexe. Prenons l'exemple suivant: A est accusé d'avoir commis un meurtre sur la personne de V, en blessant celui-ci afin de commettre un vol qualifié. Or, le poursuivant soutient (1) que A savait que la blessure était de nature à causer la mort, (2) que A était en train de commettre un vol qualifié sur la personne de V, et (3) que A aurait dû savoir que la blessure était susceptible d'être mortelle. Pour sa part, A prétend (1) qu'il ne savait pas que la blessure était de nature à entraîner la mort de V, et (2) qu'il n'était pas en train de commettre un vol qualifié sur la personne de V. Comme le souligne Hooper, il est facile d'imaginer la confusion qui règnera parmi les membres du jury au moment où le juge tentera d'expliquer à ceux-ci les règles de droit relatives à ces deux hypothèses distinctes[96]. Pourtant, comme l'a fait remarquer lord Goddard, il est certain que le droit pénal [TRADUCTION] «devrait reposer sur trois principes: la simplicité, la certitude, et l'application qui ne soit ni aléatoire ni arbitraire[97]».

C. La préméditation réputée

Enfin, examinons les cas (5) et (6) (tuer avec l'intention de commettre un *"felony"* et tuer avec l'intention de résister à un fonctionnaire de la justice). Ceux-ci étaient visés par les troisième et quatrième formes de la préméditation suivant la liste de Stephen, et ont été repris par les dispositions de l'alinéa 212c) et de l'article 213. Les premières ont un caractère général et visent, comme nous l'avons vu, tout acte (1) que le coupable savait (ou aurait dû savoir) de nature à causer la mort, et (2) commis à des fins illégales. En revanche, les dispositions de l'article 213 ont une portée beaucoup plus précise et énoncent de façon détaillée tant les types d'actes de nature à causer la mort que les types de fins illégales dont il est question.

En premier lieu, les actes visés à l'article 213 consistent:

(a) à causer des lésions corporelles aux fins de faciliter la perpétration d'une infraction ou de faciliter la fuite du coupable après la perpétration de l'infraction;

(b) à administrer un stupéfiant;

(c) à arrêter volontairement la respiration d'un être humain; et

(d) à employer une arme ou à l'avoir sur sa personne, si la mort en est la conséquence.

En second lieu, parmi les fins illégales énumérées à l'article 213, on trouve les suivantes:

— la trahison;
— le sabotage;
— les actes de piraterie;
— le détournement d'aéronef;
— l'évasion ou la délivrance d'une garde légale;
— les voies de fait sur un agent de la paix;
— les diverses formes d'agression sexuelle;
— l'enlèvement et la séquestration;
— le vol qualifié;
— l'introduction par effraction; et
— le crime d'incendie.

Il va sans dire que les dispositions de l'article 213, qui s'inspirent de l'article 175 du projet de code britannique, ne font qu'ajouter à la complexité des règles de droit en matière de meurtre. La règle du common law était pourtant très claire: un homicide était un meurtre s'il était commis au cours de la perpétration d'un *"felony"* (par la suite, un *"felony"* comportant un acte de violence), ou en vue de résister à un fonctionnaire de la justice. Bien qu'elle ne fût pas à l'abri des controverses, cette règle était facile à comprendre et à retenir. En revanche, si les dispositions de l'article 213 comportent des restrictions utiles, c'est au détriment du principe général, qui se trouve embrouillé par un trop grand nombre de détails et par une liste d'infractions dont il est pour ainsi dire impossible de se souvenir.

Qui plus est, les dispositions de l'article 213 n'ont sans doute que très peu d'utilité. Le seul type d'homicide visé par l'article 213 et qui échappe à l'application du sous-alinéa 212*a*)(ii) ou de l'alinéa 212*c*) est celui qui comporte l'utilisation d'une arme, et qui a été ajouté par la législation canadienne[98] à la règle de l'homicide concomitant d'un *"felony"*. En effet, une fois que l'on a prévu, au sous-alinéa 212*a*)(ii) et à l'alinéa 212*c*) les lésions de nature à causer la mort, il est inutile de prévoir le cas où l'accusé aurait tenté d'étouffer sa victime ou de lui administrer un stupéfiant. De

même, dès lors que l'on a prévu, à l'alinéa 212c) l'acte commis à des fins illégales, rien ne justifie l'inclusion d'une liste d'infractions particulières. Au demeurant, Stephen[99] lui-même n'était pas sûr que la disposition qui est à l'origine de l'article 213, soit l'article 175 du projet de code britannique, ajoutât quoi que ce soit d'important. Il estimait seulement que dans les cas visés par cette disposition, le jury n'aurait aucune peine à déterminer si l'accusé savait ou aurait dû savoir que son acte était de nature à causer la mort, puisqu'il s'agissait d'un meurtre aux termes de l'article 174 du projet de code britannique. On peut en dire autant de l'article 213 du *Code* canadien.

En réalité, la coexistence de l'alinéa 212c) et de l'article 213 ne fait qu'alourdir la tâche du jury. Prenons par exemple le cas où A aurait, sans le vouloir, tué V au cours d'un vol qualifié. Suivant le common law, il ne fait aucun doute que A serait coupable de meurtre, puisqu'il a tué V au cours de la perpétration d'un ''*felony*'' comportant un acte de violence. Suivant le droit canadien, il pourrait être coupable de meurtre aux termes du sous-alinéa 212a)(ii), puisqu'il avait l'intention d'infliger à V des lésions corporelles qu'il savait de nature à causer sa mort. Il pourrait également être condamné pour meurtre aux termes de l'alinéa 212c) puisqu'il poursuivait une fin illégale, soit la perpétration d'un acte qu'il savait ou aurait dû savoir de nature à causer la mort. Enfin, il pourrait être trouvé coupable de meutre aux termes de l'article 213 puisqu'il avait l'intention d'infliger des lésions corporelles en vue de faciliter la perpétration du vol qualifié. Bien entendu, le juge aurait la tâche délicate de donner au jury des instructions au sujet de ces dispositions entremêlées[100].

D.   Le transfert d'intention

Avant de clore l'étude du droit actuel, il convient de mentionner une autre différence entre la formulation adoptée par Stephen et celle du *Code criminel*: le transfert d'intention. Suivant Stephen, commettait un meurtre quiconque causait la mort d'une personne dans l'intention de tuer une personne quelconque ou d'infliger à celle-ci des lésions corporelles, que la victime soit ou non la personne visée[101]. Autrement dit, il n'était pas nécessaire que l'accusé eût l'intention de tuer la victime réelle. Par exemple, si A tire sur X afin de le tuer, mais qu'il manque son but et tue V, il est coupable de meurtre. De même, si A a l'intention de tuer X,

mais prend V pour X et tue ainsi V, il est coupable de meurtre. C'est là l'essence de la doctrine du transfert d'intention[102].

Bien qu'elle s'inspire du projet de code britannique, la règle que contient le *Code* canadien est formulée différemment. Les dispositions de l'alinéa 212*b*) prévoient en termes explicites que lorsqu'une personne, ayant l'intention de causer la mort d'un être humain, cause, par accident ou par erreur, la mort d'un autre être humain, elle commet tout de même un meurtre. Ainsi, la solution du common law a-t-elle été reprise au moyen d'une formulation plus précise.

À notre avis, il est inutile d'inclure une disposition distincte sur le transfert d'intention. En premier lieu, comme M. le professeur Stuart[103] l'a expliqué de façon convaincante, il n'est pas nécessaire de faire mention du cas de l'erreur. Si A tue V intentionnellement, mais en prenant celui-ci pour quelqu'un d'autre, d'après les principes généraux régissant le moyen de défense fondé sur l'erreur, celle-ci ne saurait excuser A puisque la croyance erronée portait sur un facteur non essentiel. Autrement dit, lorsqu'une personne tue intentionnellement un être humain, peu importe qu'elle ait pris la victime pour quelqu'un d'autre; l'identité n'entre pas en ligne de compte[104]. (Voir le document de travail n° 29, article 9(1).)

En second lieu, il est également inutile de faire mention du cas de l'accident. Si le meurtre est défini comme le fait de tuer avec l'intention de tuer une personne quelconque, il importe peu que la victime réelle ait été tuée par accident. Si A a l'intention de tuer X mais manque celui-ci et tue V, il s'agit d'un meurtre, que A ait su ou non que l'acte visant X était de nature à tuer V.

E.   La question fondamentale

Par conséquent, la question fondamentale reste la suivante: la définition de l'homicide «intentionnel» devrait-elle viser non seulement l'intention réelle, mais encore l'intention réputée? Devrait-elle viser non seulement les cas où l'accusé avait l'intention de tuer, mais encore les cas où il n'avait pas cette intention? Dans ce cas, devrait-elle, en premier lieu, viser les homicides commis au cours de la perpétration de certaines autres infractions? Autrement dit, devrait-il exister une catégorie d'homicides réputés «intentionnels»? En second lieu, la définition de l'homicide devrait-

elle viser les cas où l'accusé savait que son acte était de nature à causer la mort? En d'autres termes, cette catégorie devrait-elle inclure l'homicide commis par insouciance?

II.   L'homicide réputé intentionnel

Devrait-on prévoir des cas où l'homicide non intentionnel devrait être assimilé à l'homicide intentionnel? L'accusé devrait-il être traité de la même façon que s'il avait commis un homicide intentionnel et risquer d'être condamné pour la plus grave des formes de l'homicide, lorsque l'homicide non intentionnel a lieu au cours de la perpétration d'une autre infraction grave? L'homicide non intentionnel devrait-il être considéré comme aggravé du fait de l'autre infraction, et être ainsi considéré comme ayant la même gravité que l'homicide «intentionnel».

Prenons les exemples suivants. D'une part, A1, afin de faciliter la perpétration d'un vol qualifié, tue V1, de l'une ou l'autre des façons suivantes:

il jette V1 violemment par terre, et celui-ci se heurte accidentellement la tête contre un morceau de métal;

il chloroforme V1 qui meurt subitement d'une crise cardiaque;

il place sa main sur la bouche de V1, afin de l'empêcher d'appeler à l'aide, et celui-ci meurt asphyxié;

il pointe un fusil en direction de V1 afin de l'intimider, puis le coup part accidentellement et tue V1.

D'autre part, afin de commettre un vol qualifié, A2 tue intentionnellement V2 qui tente de l'empêcher d'accomplir son crime. A1 devrait-il être trouvé coupable de la même infraction que A2, comme cela serait le cas suivant le droit actuel?

Nombreux sont ceux qui répondraient par l'affirmative et ce, pour plusieurs raisons. Premièrement, cette réponse est conforme à la tradition du common law, laquelle repose sur plusieurs siècles de jurisprudence à cet effet. Deuxièmement, le fait de rendre A1 responsable des conséquences de ses actes pourrait avoir un effet dissuasif: les voleurs de banque doivent apprendre à éviter d'infliger des lésions corporelles, d'utiliser des drogues et d'em-

ployer des armes. Troisièmement, sur le plan de la punition, A1 ne saurait se plaindre de son sort: s'étant lui-même engagé dans l'accomplissement d'un projet criminel, il savait que des accidents peuvent se produire — il arrive qu'une personne qui tombe par terre se tue en se heurtant à un objet, que l'application d'une drogue provoque une crise cardiaque, et qu'un coup de feu parte accidentellement. Enfin, il est naturel de penser qu'une personne souhaite les conséquences de ses actes: lorsqu'une personne meurt après avoir été atteinte d'un coup de feu, la personne qui a tiré est habituellement considérée comme ayant voulu ce résultat.

Bien que séduisants, ces arguments ne sont pas tout à fait convaincants. Prenons pour commencer la question de la tradition du common law. De nos jours, on enseigne que l'homicide commis au cours de la perpétration d'un *"felony"* a toujours été considéré comme un meurtre. Pourtant, comme cela arrive souvent, cette affirmation qui semble banale n'en est pas moins fausse. Comme M. le professeur Lanham[105] l'a démontré, loin d'être cautionnée par l'histoire [TRADUCTION] «la règle de l'homicide concomitant d'un *"felony"* repose sur des bases historiques fort douteuses». Formulée par Coke dans une affirmation [TRADUCTION] «qui n'était appuyée par aucune des autorités citées et qui avait été rédigée dans le cadre d'une étude assez incohérente sur l'homicide[106]», cette règle a été désavouée par Dalton[107], et surtout par Hale[108]. De fait, jusqu'au début du dix-neuvième siècle, les adversaires de cette règle étaient beaucoup plus nombreux que les partisans. Dans ces conditions, on peut certainement soutenir que [TRADUCTION] «la règle de l'homicide concomitant d'un *"felony"* n'est pas le vestige d'une ancienne coutume barbare, mais bien un exemple de la monstruosité moderne[109]».

Passons maintenant à l'argument fondé sur la dissuasion. Celui-ci achoppe sur deux points: le caractère problématique de l'effet dissuasif de la punition et le fonctionnement arbitraire des règles établissant des présomptions. Pour ce qui est de la première difficulté, Stuart[110] l'a formulée ainsi: [TRADUCTION] «comme dans le cas de la plupart des arguments fondés sur la dissuasion, la corrélation est pour le moins contestable. Si la peine capitale n'a pas d'effet dissuasif, il est très peu probable que la règle inflexible de l'homicide concomitant d'un *"felony"* puisse être efficace, si tant est qu'elle soit connue». Quant au fonctionnement arbitraire de la règle, dans tous les exemples donnés ci-dessus, A1 serait traité de la même façon que A2 en raison de la mort de V. Or,

dans chaque cas, du point de vue de A1, la mort de V était par hypothèse non intentionnelle, imprévue et accidentelle. Par ailleurs, il va sans dire que dans le cas où la mort de V aurait été prévisible, A1 aurait été considéré comme insouciant[111]. En réalité, il s'ensuit que le degré de responsabilité de A est établi d'après un fait qui ne dépend pas de sa volonté.

Certes, cela arrive fréquemment dans le contexte de l'homicide. Par exemple, dans le cas où A tirerait sur B afin de le tuer, A serait coupable de meurtre si B mourait, et coupable de tentative de meurtre si B survivait, encore que la survie de B dépende, dans une certaine mesure, de la qualité des soins médicaux qu'il reçoit. De même, si X conduisait de façon très dangereuse et frappait Y, X serait coupable d'avoir causé la mort de Y par négligence criminelle si celui-ci mourait, et coupable d'avoir causé des lésions corporelles par négligence criminelle s'il survivait. Pourtant, encore une fois, la survie de Y peut dépendre de l'intervention d'autres personnes comme des médecins ou des infirmiers. Or, si l'on admet une certaine part d'arbitraire dans des cas semblables, pourquoi ne pas en faire autant dans les cas décrits à la page 53?

Nous estimons que le caractère arbitraire que l'on retrouve dans les cas décrits au paragraphe précédent se justifie plus facilement que dans les cas décrits à la page 53. En effet, même si, dans ces derniers cas, la survie de la victime est, dans une certaine mesure, indépendante de la volonté de l'accusé, la mort reste un mal tellement radical et irréversible que l'on est naturellement enclin à juger l'infraction plus sévèrement lorsque la victime meurt[112]. Mais dès lors que l'on admet que l'accusé est coupable d'homicide, si l'on veut vraiment établir une distinction en ce qui a trait à l'état d'esprit de l'accusé (intention, insouciance, négligence grave, et ainsi de suite) rien ne justifie que l'on assimile arbitrairement certains homicides non intentionnels à un homicide intentionnel, du seul fait que ceux-ci ont eu lieu dans des circonstances particulières. Autrement dit, tout comme il existe une distinction claire, fondée sur le bon sens, entre le fait de tuer et celui d'infliger des blessures, distinction qui est d'ailleurs reconnue par le droit actuel, le bon sens exige également que l'on établisse une distinction entre l'homicide intentionnel et l'homicide non intentionnel. Or, cette distinction n'est pas pleinement reconnue par le droit actuel.

Vient ensuite l'argument relatif à la punition: dans de tels cas, l'accusé ne peut s'en prendre qu'à lui-même, et doit accepter les conséquences de ses actes. Quoique séduisant, cet argument est bancal dans la mesure où il confond l'homicide intentionnel et l'homicide non intentionnel. Il n'établit aucun distinction entre le voleur de banque qui tue de façon non intentionnelle et celui qui tue à dessein, en vue de se débarrasser d'un témoin éventuel, par exemple. Pourtant, si répréhensible que soit la conduite du premier voleur, celle du second est manifestement plus condamnable. Cette différence de gravité sur le plan moral devrait, selon nous, être mise en lumière dans tout système de droit pénal fondé sur la morale. En effet, cette distinction, bien plus que la règle du meurtre par interprétation, découle des principes de punition.

Enfin, reste la question de la présomption relative aux conséquences naturelles. Certes, si A pointe un pistolet chargé en direction de V et tue celui-ci, surtout au cours de la perpétration d'un vol qualifié, on peut naturellement en déduire que A avait l'intention de tuer V. Il ne fait aucun doute que dans 99 cas sur 100, le jury en viendrait à cette conclusion, quelles que soient les prétentions de l'accusé. Par conséquent, l'application d'une règle automatique suivant laquelle l'homicide commis dans de telles circonstances doit être traité comme un homicide intentionnel, n'entraîne pas d'injustice flagrante.

Mais qu'en est-il du centième cas, c'est-à-dire du cas où, d'après toute la preuve, le jury n'est pas convaincu hors de tout doute raisonnable que l'accusé avait effectivement l'intention de tuer? Si les jurés ne peuvent tirer cette conclusion des faits de l'espèce, pourquoi la loi les forcerait-elle à le faire? Pourquoi les jurés seraient-ils tenus de traiter l'accusé comme s'il avait tué à dessein alors qu'ils n'en sont pas convaincus?

Spontanément, on pourrait répondre qu'autrement, le coupable pourrait échapper à la justice. En effet, si l'on permet au jury d'acquitter le centième accusé qui est innocent, il pourrait ensuite acquitter quelques-uns des 99 coupables. Or, cet argument appelle trois remarques. Premièrement, rappelons que notre société favorise le principe suivant lequel il vaut mieux libérer dix coupables que de condamner un innocent, principe diamétralement opposé à l'argument qui précède. Deuxièmement, le voleur de banque mentionné à la page 53 n'est pas libéré pour autant. Il peut être condamné pour vol à main armée, ainsi que pour une forme moins

grave d'homicide; la crainte qu'il soit libéré est donc mal fondée. Troisièmement, la portée de la règle actuelle concernant le meurtre par interprétation est beaucoup trop vaste. Comme Stuart[113] l'a fait remarquer, les dispositions de l'article 213 visent des types très différents d'homicide, à partir de l'homicide commis au cours d'un vol à main armée bien planifié jusqu'à l'homicide commis au cours d'une agression par une personne en état d'ébriété.

Selon nous, aucune forme d'homicide non intentionnel ne devrait être assimilée par le droit pénal à un homicide intentionnel. La morale courante repose sur le principe suivant lequel il est plus grave de faire du mal à dessein que par insouciance, plus grave de faire du mal par insouciance que par négligence, et plus grave de faire du mal par négligence que par accident. À notre avis, la structure d'un code pénal satisfaisant doit obligatoirement reposer sur ces distinctions courantes et les mettre en évidence. Cette position a été défendue par la Commission dans le contexte de l'étude du principe de la responsabilité pénale dans le document de travail no 29, intitulé *Partie générale*. Cela dit, s'il est un domaine où ces distinctions doivent être soulignées, c'est bien celui des dispositions relatives à l'homicide, qui établissent les infractions les plus fondamentales et les plus graves du droit pénal. Le fait de traiter une personne qui a tué sans en avoir l'intention comme si elle avait tué à dessein, entraîne le droit pénal dans les artifices et les fictions, ainsi que dans l'injustice, dans la mesure où des cas essentiellement différents sont réglés de la même façon.

Pour toutes ces raisons, et surtout parce que le droit pénal ne devrait pas passer outre aux distinctions établies par la morale, nous croyons qu'il est temps «de rajeunir le droit en retournant à l'époque de Sir Matthew Hale». Nous estimons que le meurtre par interprétation devrait être aboli, que les règles contenues à l'alinéa 212c) et à l'article 213 n'ont pas de place au sein de notre droit pénal, et que les homicides qui ne sont ni intentionnels ni prévisibles devraient être exclus de la catégorie des homicides «intentionnels», peu importe qu'ils aient eu lieu au cours de la perpétration d'une autre infraction.

RECOMMANDATION

6. Le terme «homicide intentionnel» ne devrait viser que l'homicide commis avec l'intention de tuer, et les cas d'intention réputée devraient être exclus de cette catégorie.

III. L'homicide par insouciance

En common law, l'homicide commis par insouciance était un meurtre[114]. On estimait en effet que l'insouciance équivalait à l'intention. C'est pourquoi la deuxième forme de la préméditation établie par Stephen correspondait au fait de savoir que l'acte commis était de nature à causer la mort.

Le droit canadien est également clair à cet égard, bien que la solution qu'il propose soit plus restrictive. Aux termes du sous-alinéa 212a)(ii), commet un meurtre la personne qui a l'intention d'infliger à sa victime des lésions corporelles qu'elle sait être de nature à causer la mort, lorsqu'il lui est indifférent que la mort s'ensuive ou non. Aux termes de l'alinéa 212c), commet un meurtre la personne qui, à une fin illégale, fait quelque chose qu'elle sait ou devrait savoir être de nature à causer la mort d'un être humain, même si elle a l'intention d'accomplir son dessein sans causer la mort d'un être humain, ni lui infliger des lésions corporelles.

Nous avons déjà parlé, à la page 48, des présomptions établies à l'alinéa 212c). Nous sommes d'avis qu'une telle disposition prête à la critique sous deux rapports. En premier lieu, indépendamment de la jurisprudence, les mots «devrait savoir» évoquent un critère objectif alors qu'en fait, l'état d'esprit de la personne qui ne sait pas que son acte est de nature à entraîner la mort (même dans le cas où elle aurait dû le savoir) diffère essentiellement de celui de la personne qui sait, et encore plus de celui de la personne qui a l'intention de causer la mort[115]. En second lieu, le fait que l'accusé ait agi à des fins illégales ne justifie pas qu'on le traite de la même façon que celui qui avait l'intention de tuer. En somme, l'argument que nous avons avancé à l'encontre des dispositions de l'article 213 s'applique également à l'alinéa 212c) en ce qui a trait aux mots «devrait savoir».

Abordons maintenant les cas d'insouciance pure et simple, soit le fait pour une personne d'infliger des lésions qu'elle sait être de nature à causer la mort (sous-alinéa 212a)(ii)), ou de faire, à une fin illégale, quelque chose qu'elle sait être de nature à causer la mort (alinéa 212c)). Nous commencerons par établir une distinction entre les trois cas décrits ci-dessous:

(1)   A a l'intention de tuer V: cas d'intention directe; par exemple, A tire sur V à dessein et le tue;

(2)   A poursuit un but pour l'accomplissement duquel la mort de V constitue un moyen ou une conséquence inévitable: cas d'intention indirecte; par exemple, A a l'intention de détruire un aéronef à bord duquel se trouve V, installe une bombe avant le décollage, puis fait sauter l'aéronef et tue les passagers; et

(3)   A fait un acte en sachant que cela aura pour effet d'exposer V à un grave danger de mort: cas d'insouciance pure et simple; par exemple, A conduit de façon très imprudente, en sachant qu'il s'expose, de même que son passager V et les autres usagers de la route, à un grave danger de mort, un accident se produit et V meurt.

Relativement à ces trois cas, voici notre position. Première-ment, les cas (1) et (2) devraient être assimilés. En effet, peu importe que dans le cas (1) A ait voulu la mort de V, alors que dans le cas (2), A visait un but global pour l'accomplissement duquel la mort de V était une étape non souhaitée mais nécessaire; qui veut la fin veut les moyens. Dans les deux cas, A avait l'intention de causer la mort de V.

En fait, ce sont les cas comme le cas (2) qui renforcent la théorie suivant laquelle l'insouciance équivaut à l'intention. En effet, l'acte de A est aussi condamnable dans le second cas que dans le premier, puisque A est disposé à causer la mort de V. Pourtant, c'est faire fausse route que de considérer le cas (2) comme un cas d'insouciance puisque V, le passager de l'aéronef, se trouve exposé, non pas à un danger de mort, mais à une quasi-certitude de mort (si tant est que la certitude soit possible), soit le même type de certitude que dans le cas de l'intention.

En revanche, l'insouciance évoque non pas une certitude, mais plutôt un risque ou une probabilité[116]. La personne qui tue par insouciance est celle qui se joue de la vie de sa victime. Bien que répréhensible, une telle attitude est généralement considérée comme moins odieuse qu'un homicide intentionnel. En effet, comme nous l'avons expliqué ci-dessus, on estime généralement qu'il est plus grave de faire du mal à dessein que de causer le même mal par insouciance. Sur le plan moral, l'intention est donc plus grave que l'insouciance, et les règles du droit pénal concernant l'homicide devraient refléter cette distinction.

Pour ces raisons, nous estimons que la portée du terme «homicide intentionnel», comme à l'origine le mot «meurtre», devrait être limitée au plus grave des homicides. Ce terme devrait être utilisé pour désigner le type fondamental d'homicide: l'homicide commis à dessein. Il ne devrait pas s'appliquer aux formes moins odieuses de l'homicide comme l'homicide commis par insouciance qui, en conséquence, devrait constituer un crime moins grave.

RECOMMANDATION

7. Le terme «homicide intentionnel» ne devrait désigner que l'homicide commis avec l'intention de tuer, et les cas d'homicide commis par insouciance devraient être exclus de cette catégorie.

IV.   L'élément moral de l'homicide par insouciance

En common law, le *"manslaughter"* consistait dans l'homicide coupable mais non prémédité. Cette catégorie regroupait l'homicide volontaire, à savoir le meurtre réduit à un *"manslaughter"* en raison de la provocation, et le *"manslaughter"* involontaire[117]. Nous reviendrons plus loin sur la question de la provocation. Pour le moment, nous traiterons du *"manslaughter"* involontaire.

En common law, il existait deux types de *"manslaughter"* involontaire. Dans le premier cas, il s'agissait du fait de causer la mort par un acte illégal, tandis que dans le second, il s'agissait du fait de causer la mort par un acte légal mais commis avec négligence grave[118]. L'état d'esprit qui doit exister, le cas échéant, pour qu'il puisse y avoir *"manslaughter"*, doit être étudié dans ce double contexte.

La première catégorie de *"manslaughter"* involontaire a été par la suite restreinte par la jurisprudence. Depuis 1962 (*R. v. Larkin*), il faut, pour qu'une personne soit trouvée coupable de *"manslaughter"*, que l'acte illégal ait été un acte dangereux, à savoir [TRADUCTION] «un acte de nature à infliger des blessures à autrui». Cette définition a été approuvée par la Chambre des lords dans l'affaire *R. v. Church*[120] (1965).

Le second type de *"manslaughter"* involontaire a été défini à la faveur de deux décisions qui font autorité. Par suite des

jugements *Bateman*[121] (1925) et *Andrews*[122] (1937), l'acte légal ayant causé la mort doit avoir été commis avec une négligence telle qu'il s'agisse d'une question d'intérêt public, et non d'un simple conflit entre des parties civiles.

Essentiellement, le *Code* canadien est demeuré fidèle au common law à cet égard. L'homicide involontaire coupable ("*manslaughter*") est défini à l'article 217 comme un homicide coupable qui n'est ni un meurtre, ni un infanticide. Si l'homicide coupable est commis avec le *mens rea* décrit aux articles 212 et 213 ou son équivalent, il s'agit d'un meurtre (abstraction faite de toute provocation). S'il est commis dans les circonstances décrites à l'article 216, il s'agit d'un infanticide. Mais s'il n'appartient à ni l'une ni l'autre de ces catégories, il s'agit alors de l'infraction résiduaire d'homicide involontaire coupable.

L'homicide involontaire coupable est une forme d'homicide coupable, cela coule de source. En vertu du paragraphe 205(5), l'homicide coupable comprend le fait de causer la mort au moyen d'un acte illégal ou par négligence criminelle. Il est donc parfaitement clair que, tant en vertu du *Code* que du common law, l'homicide involontaire coupable peut être commis de deux façons différentes.

L'expression «acte illégal» n'est toutefois pas définie dans le *Code*. Il faut donc recourir à la jurisprudence, qui a suivi la tendance adoptée dans les affaires *Larkin*[123] et *Church*[124]. D'après une décision rendue par la Cour d'appel de l'Ontario, *R. v. Tennant and Naccarato*[125] (1975), constitue un homicide involontaire coupable le fait de causer la mort au moyen d'un acte illégal qui, aux yeux de toute personne raisonnable, expose inévitablement une autre personne à des lésions corporelles ou à un danger plus grave. Et d'après la décision *R. v. Cole*[126] (1981), si l'acte illégal n'a pas un caractère criminel, l'accusé ne peut être condamné pour homicide coupable que s'il s'agissait d'un acte intentionnel qui, objectivement, était de nature à exposer une autre personne à des lésions ou à des blessures. L'expression «lésions corporelles» a été définie par la jurisprudence[127] comme une blessure qui nuit à la santé ou au bien-être, et qui n'est pas de nature passagère ni sans importance; on retrouve cette définition à l'article 245.1 du *Code*, dans le contexte des voies de fait. Cette définition est peut-être suffisamment large pour inclure certains cas d'homicides réputés coupables par la loi; par exemple, A fait trébucher V qui, à cause

d'une maladie, a le crâne extrêmement fragile et meurt. On pourrait en effet prétendre que l'acte de faire trébucher la victime peut être considéré comme de nature à causer des lésions corporelles.

La négligence criminelle, par contre, est définie dans le *Code*. Aux termes du paragraphe 202(1), est coupable de négligence criminelle quiconque, en faisant quelque chose, ou en omettant de faire quelque chose qu'il est de son devoir d'accomplir, montre une insouciance déréglée ou téméraire à l'égard de la vie ou de la sécurité d'autrui. Dans ce contexte, le terme *devoir* désigne une obligation imposée par la loi et ce, en vertu du paragraphe 202(2).

Cette disposition n'est pas sans soulever certaines difficultés. Alors qu'elle a pour titre «négligence criminelle», on y parle plutôt d'insouciance: «montre une insouciance déréglée ou téméraire». Or, ces deux expressions ne veulent pas nécessairement dire la même chose[128].

On donne parfois au mot «négligence» des sens différents. Pour certains érudits, la négligence désigne le fait de prendre des risques par inadvertance[129]. Mais dans le domaine de la responsabilité civile délictuelle, ce terme désigne le fait de ne pas prendre les précautions raisonnables, à savoir les précautions que prendrait une personne raisonnable. Cela peut évidemment se produire par inadvertance: la personne ne se rend pas compte de ce qu'elle fait, alors qu'elle le devrait. Mais cela peut également arriver sans qu'il y ait eu inadvertance: la personne est consciente du risque, mais décide néanmoins de le prendre. Dans les deux cas, on peut lui imputer une faute de négligence au civil. Et même dans le langage ordinaire, qui est évidemment beaucoup moins précis que le langage juridique, la négligence désigne parfois le simple manque d'attention.

L'insouciance est également une notion difficile à définir. Dans la langue courante, ce terme peut désigner tout simplement une très grave négligence, soit le fait de prendre (d'une façon consciente ou non) un risque très grave et injustifiable[130]. Mais les juristes ont peu à peu donné un sens plus étroit à ce mot, surtout dans le contexte du meurtre et des infractions consistant à causer délibérément des dommages ou des blessures. En droit, l'insouciance désigne donc le fait de prendre consciemment un risque grave et injustifiable[131].

En ce sens, on oppose souvent l'insouciance à l'intention. L'intention implique que l'on souhaite certaines conséquences, ou encore que l'on sait avec certitude qu'elles se produiront; l'insouciance désigne le fait de savoir qu'elles sont probables.

Tout récemment, cependant, dans les affaires *Lawrence*[132] (1981) et *Caldwell*[133] (1981), la Chambre des lords, jugeant que l'on devait, dans la mesure du possible, donner à des mots comme «insouciance» le sens qu'ils ont dans le langage ordinaire, en est venue à la conclusion que ce terme désigne tout simplement une négligence très grave. Bien sûr, cette façon d'aborder le problème est intéressante en ce qu'elle concilie le droit avec le langage courant, mais elle n'est pas sans soulever des difficultés lorsque des mots qui ont une signification particulière bien établie en droit se voient tout à coup donner le sens moins précis qu'ils ont dans la langue courante. Il est difficile de prévoir dans quelle mesure ces décisions de la Chambre des lords seront suivies au Canada.

Quoi qu'il en soit, l'article 202 porte en lui-même une contradiction. Son titre, «négligence criminelle», évoque un critère objectif: l'accusé a-t-il omis (que ce soit consciemment ou non) de prendre les précautions requises[134]? Pourtant, les termes «montre une insouciance déréglée ou téméraire», employés dans cette disposition, semblent plutôt demander l'application d'un critère subjectif: la personne a-t-elle pris, consciemment, un risque grave et injustifiable[135]?

Cette contradiction peut être résolue de deux façons. On pourrait tout d'abord donner à l'expression «négligence criminelle», dans ce contexte, une signification particulière et y voir une négligence subjective, à savoir que l'accusé doit avoir pris le risque d'une façon consciente[136]. Mais on pourrait également dire que les mots «montre une insouciance déréglée ou téméraire» ont, dans cette disposition, une signification particulière et qu'il convient de leur donner un sens objectif plutôt que subjectif: il suffirait que l'accusé ait pris un risque injustifiable, que ce soit consciemment ou non. Les tribunaux semblent avoir retenu la seconde interprétation. S'appuyant sur le mot «montre», ils ont jugé qu'il n'était pas nécessaire, pour l'application de l'article 202, que l'accusé ait effectivement été insouciant ou téméraire, mais seulement que sa conduite ait dénoté une telle insouciance[137]. Autrement dit, pour les tribunaux, un accusé est coupable aux termes de cette disposition si sa conduite témoigne manifestement d'une imprudence condamnable.

À notre avis, on peut formuler trois critiques à l'égard des dispositions actuelles sur l'homicide involontaire coupable (sans parler de la critique relative à la forme, dont nous avons déjà fait état dans le présent document). Tout d'abord, il y a une coïncidence parfaite entre le deuxième type d'homicide involontaire coupable et l'infraction consistant à causer la mort par négligence criminelle. Ensuite, la signification des termes «négligence criminelle» reste vague. Enfin, le premier type d'homicide involontaire coupable paraît trop imprécis et peut inclure certains cas d'homicides réputés coupables par la loi.

À notre avis, le type d'homicide qui vient au deuxième rang sur le plan de la gravité, c'est-à-dire l'homicide «par insouciance», devrait être limité aux cas d'insouciance véritable. En effet, il devrait viser seulement les cas où l'accusé a causé la mort de la victime sans avoir l'intention de tuer celle-ci, mais en faisant sciemment preuve d'insouciance à l'égard d'un danger de mort important. Il y aurait lieu de faire de ce type d'homicide une infraction en soi, de façon à le distinguer, d'une part, de l'homicide intentionnel et, d'autre part, de l'homicide résultant de la négligence grave. Feraient partie de cette catégorie les homicides commis par insouciance dont nous avons parlé aux pages 53 et suivantes.

RECOMMANDATION

8. Le terme «homicide par insouciance» ne devrait désigner que l'homicide commis par insouciance, c'est-à-dire le fait pour une personne de causer la mort d'un être humain en exposant sciemment celui-ci à un danger de mort à la fois grave et inacceptable pour la société.

V. Autres infractions participant de l'homicide

Devrait-il exister d'autres infractions participant de l'homicide? Devrait-on créer une infraction consistant dans l'homicide commis par imprudence et une infraction consistant à commettre un homicide sous l'influence de l'alcool?

VI. L'homicide par imprudence

Le droit pénal devrait-il punir non seulement l'homicide intentionnel et l'homicide commis par insouciance, mais aussi l'homicide commis par imprudence? Devrait-il prohiber le fait de causer la mort à cause d'une imprudence grave qui ne constitue pas de l'insouciance, mais qui consiste parfois dans l'inadvertance?

Il s'agit là d'une question très controversée, à l'égard de laquelle nos experts-conseils nous ont donné des opinions parfois contradictoires. D'aucuns ont souligné que l'idée de vouloir punir l'imprudence n'avait rien de manifestement choquant et n'allait pas vraiment à l'encontre de la tradition du droit pénal. Cette prétention s'étaye sur la jurisprudence dans laquelle on aurait laissé entendre que seule l'erreur de fait raisonnable pouvait être alléguée comme moyen de défense. Elle s'appuie en outre sur l'évolution des doctrines du meurtre par interprétation et de l'homicide involontaire coupable par interprétation, ainsi que sur l'importation, au sein du *Code criminel*, des crimes consistant à causer la mort ou des lésions corporelles par négligence criminelle.

D'autres experts-conseils ont répondu que malgré cela, en droit pénal, la notion de *mens rea* a toujours été limitée à l'intention et à l'insouciance. De façon générale, la négligence a toujours été considérée comme relevant du droit civil et, par conséquent, cette notion a toujours été confinée à cette branche du droit. À coup sûr, la raison en est que l'on n'a jamais reconnu clairement que l'inadvertance, dont découle la négligence dans la plupart des cas, justifiait une punition. Il s'agit tout au plus, pour reprendre les termes de lord Atkin[138], d'une question donnant lieu au versement d'une indemnité entre les parties.

Cette position nous semble bien fondée. En principe, la définition des crimes véritables, comme les infractions contre les personnes et les infractions participant de la malhonnêteté ou du vandalisme, a toujours exigé l'intention ou l'insouciance. Comme Jerome Hall[139] l'a montré de façon convaincante, la négligence n'a pas sa place dans la notion de *mens rea*. Pour cette raison, nous nous serions sans aucune hésitation prononcés contre la création de toute infraction consistant dans l'homicide commis par imprudence. Mais cela laisserait sans solution un autre problème très grave.

Ce problème réside bien sûr dans les accidents mortels survenant sur les routes. De nos jours au Canada, comme dans tous les autres pays occidentaux évolués, les pertes de vie imputables aux accidents de la route constituent l'un des plus graves problèmes auxquels fait face la société: le nombre de Canadiens qui perdent la vie sur les routes chaque année est presque aussi élevé que le nombre moyen de Canadiens morts au cours de chacune des années qu'a duré la Seconde Guerre mondiale[140]. Il n'est donc pas étonnant que l'intérêt public commande de façon constante, sinon grandissante, l'intervention du droit pénal afin de résoudre ce problème.

Aucune solution ne semble tout à fait satisfaisante. La plus ancienne, qui consistait à permettre les poursuites pour homicide involontaire coupable en cas de négligence, a soulevé d'énormes difficultés. D'une part, les tribunaux se sont vus forcés d'établir une distinction entre la négligence grave ou criminelle, et la négligence civile ordinaire, et se sont heurtés à de nombreux problèmes. D'autre part, les jurés se sont montrés réticents à condamner l'accusé pour homicide involontaire coupable dans de tels cas. Cela n'a rien d'étonnant puisque ce crime était généralement imputé aux personnes ayant causé la mort au moyen d'un acte essentiellement illégal ou, qui plus est, aux personnes qui avaient eu la chance de ne pas avoir été trouvées coupables de meurtre.

La solution que l'on a par la suite adoptée au Canada, c'est-à-dire créer un crime particulier consistant à causer la mort par négligence criminelle[141], prête également à la critique. En premier lieu, elle allait à l'encontre de la tradition dont nous avons parlé ci-dessus, et suivant laquelle la portée du *mens rea* était limitée à l'intention et à l'insouciance. En second lieu, elle n'établissait pas de distinction claire entre ce crime et l'homicide involontaire coupable, et ne comportait pas de définition claire de la négligence.

La troisième solution, à laquelle on a eu recours au Royaume-Uni[142], était d'établir une infraction particulière consistant à causer la mort par la conduite dangereuse d'un véhicule. À notre avis, cette solution comporte également des inconvénients, dont le plus important est qu'elle déroge à l'approche systématique du droit pénal qui consiste à criminaliser des types de conduite généraux, et qu'elle ne fait qu'apporter des solutions ponctuelles à des problèmes particuliers. Une telle approche entraînerait la proliféra-

tion d'infractions spécifiques, comme le fait de causer la mort en pilotant un avion de façon dangereuse, en conduisant un bateau de façon dangereuse, en chassant de façon dangereuse, en skiant de façon dangereuse, etc.

La solution britannique laisse toutefois entrevoir la possibilité d'une méthode sans doute plus satisfaisante, qui consisterait à redéfinir la conduite dangereuse de véhicules et à prévoir des peines maximales variables suivant le résultat de l'infraction[143]. Comme cela est le cas actuellement, la peine maximale pourrait être un emprisonnement de deux ans lorsque la perpétration de l'infraction n'a pas de conséquences néfastes pour autrui, un emprisonnement de cinq ans lorsqu'elle entraîne des lésions corporelles et, enfin, un emprisonnement de dix ans lorsqu'elle entraîne la mort d'un être humain. Cette solution éviterait la création d'infractions spécifiques et serait conforme à la tradition suivant laquelle, en matière d'homicide, la portée du *mens rea* est limitée à l'intention et à l'insouciance. Qui plus est, elle mettrait en évidence la nature de l'infraction: le fait de mettre en danger la sécurité d'autrui.

Néanmoins, nous estimons que des études supplémentaires s'imposent à ce sujet. Premièrement, la conduite d'un véhicule n'est qu'un des multiples actes qui comportent une certaine mesure de danger mais qui, à cause de leur utilité pour la société, n'ont jamais été déclarés illégaux. Si l'on veut que le droit pénal prenne la forme de principes généraux, il vaudrait mieux, plutôt que de prévoir la conduite dangereuse de façon isolée, inclure celle-ci dans des dispositions traitant de façon générale des diverses activités dangereuses comme le pilotage, la chasse et, éventuellement, la consommation d'alcool.

Deuxièmement, le présent document de travail traite des homicides en tant qu'actes de violence entraînant la mort, c'est-à-dire en tant qu'infractions comportant une attaque intentionnelle ou, à tout le moins, insouciante. La Section de recherche en droit pénal, de concert avec la Section de recherche sur la protection de la vie, examinera ultérieurement les infractions comportant un «danger» pour autrui, y compris le fait de se livrer de façon dangereuse à certaines activités, la pollution de l'environnement et éventuellement, d'autres types de conduite. Le problème de la conduite dangereuse sera donc à nouveau examiné dans ce contexte.

Troisièmement, le problème particulier que pose la conduite dangereuse entraînant la mort devra également être examiné dans le contexte général des infractions relatives à la circulation routière. En temps voulu, la Commission devra examiner, entre autres, deux questions fondamentales à cet égard. La première est celle de savoir dans quelle mesure ces infractions peuvent être considérées comme de véritables crimes, étant donné que bon nombre d'entre elles ne comportent pas d'atteinte grave sur le plan moral mais relèvent simplement de la négligence ordinaire. La seconde est liée à l'utilité que peut avoir l'intervention du droit pénal pour la solution des problèmes que posent les accidents de la route.

Entre temps, pour les raisons que nous venons d'expliquer, nous recommandons, à titre provisoire, de ne pas faire de l'homicide «par imprudence» une infraction criminelle.

VII. L'homicide commis sous l'influence de l'alcool

Au cours des consultations qui ont eu lieu antérieurement, au sujet du document de travail nº 29, *Partie générale*, et notamment en ce qui a trait au moyen de défense d'intoxication proposé à l'article 6, à la page 143 de ce document, l'une des questions les plus fréquentes avait trait à l'application de la deuxième version de cette disposition dans le cas de l'homicide. Dans une large mesure, ce projet, qui avait été proposé afin d'éviter la solution illogique cautionnée par lord Salmon dans l'affaire *Majewsky*[144] mais désavouée (à juste titre selon nous) par le juge Dickson dans l'arrêt *Leary*[145], comporte deux dispositions. La première prévoit que la personne accusée d'une infraction doit être acquittée si, lorsqu'elle a commis l'*actus reus* de l'infraction, elle ne pouvait, à cause de son état d'intoxication, avoir l'intention ou la connaissance requise par la définition de cette infraction. La seconde disposition prévoit que, sauf dans le cas où l'intoxication résulterait d'une fraude, d'une contrainte morale ou physique, ou d'une erreur raisonnable, cette personne serait coupable de l'infraction incluse d'intoxication criminelle et serait passible de la peine prévue pour l'infraction qu'elle aurait commise, n'eût été son état d'intoxication.

En matière d'homicide, ces règles sont censées s'appliquer de la façon suivante. Supposons que A soit accusé d'homicide par

insouciance, mais qu'il prétende ne pas avoir su, en raison de son état d'intoxication, qu'il exposait V à un danger grave, alors que cela aurait été évident pour une personne lucide. Dans ce cas, A ne pourrait être condamné pour homicide par insouciance parce qu'il n'avait pas la connaissance requise par la définition de l'infraction. En revanche, il pourrait être condamné pour intoxication criminelle et être ainsi passible de la même peine parce que seul son état d'intoxication l'a empêché d'avoir cette connaissance. En effet, l'homicide par insouciance est bien l'infraction qu'il aurait commise s'il n'avait pas été intoxiqué.

Maintenant, supposons que A soit accusé d'homicide intentionnel mais qu'il prétende ne pas avoir tué V intentionnellement parce qu'il était trop ivre pour former un tel dessein. Dans ce cas encore, A ne pourrait être condamné pour homicide intentionnel. Il pourrait être condamné pour intoxication criminelle, et être ainsi passible de la peine que comportait l'infraction qu'il aurait commise s'il n'avait pas été intoxiqué. Mais de quelle infraction s'agit-il? Ce ne peut manifestement être l'homicide intentionnel. En effet, alors que dans le cas de l'homicide par insouciance, il était possible de conclure que si A avait été lucide, il aurait su qu'il exposait V à un danger de mort, on ne saurait, dans le cas de l'homicide intentionnel, tenir pour acquis que si A avait été lucide, il aurait eu l'intention de tuer V. Par conséquent, il doit s'agir de l'homicide par insouciance puisque dans le cas de l'homicide intentionnel, si A avait été lucide, il se serait rendu compte que son acte entraînerait probablement la mort de V.

En conséquence, lorsque l'intoxication est alléguée, une accusation d'homicide «intentionnel» peut donner lieu à trois condamnations différentes et une accusation d'homicide «par insouciance», à deux condamnations différentes. En effet, dans le premier cas, A pourrait être condamné pour homicide «intentionnel» s'il était en mesure de former le dessein prescrit, pour homicide «par insouciance» s'il ne pouvait former ce dessein mais savait que son acte entraînerait probablement la mort, ou pour intoxication criminelle, ce qui le rendrait passible de la peine maximale prévue pour l'homicide «par insouciance». Dans le second cas, A pourrait être condamné pour homicide «par insouciance» s'il avait la connaissance coupable, ou pour intoxication criminelle, ce qui, encore une fois, le rendrait passible de la peine maximale prévue pour l'homicide «par insouciance».

Cette solution a soulevé diverses objections. L'une d'entre elles est liée au caractère aléatoire de l'application des règles relatives au fardeau de la preuve dans ce cas. Nous nous contenterons de répondre que cette question sera examinée dans le cadre de l'étude générale de la charge de la preuve en droit pénal.

Ensuite, on soutient que cette solution a pour effet d'embrouiller certaines distinctions importantes. Les personnes accusées d'homicide, de voies de fait et de vandalisme pourraient toutes, quelle que soit l'accusation initiale, être condamnées pour la même infraction d'intoxication. Or, cela semble quelque peu injuste, même si la peine infligée est différente dans chaque cas.

On pourrait peut-être régler ce problème par un changement de nomenclature comme l'a proposé le ''Victorian Law Reform Commissioner'' en Australie[146]. Le nouveau code pourrait prévoir que dans de tels cas, l'accusé serait condamné, non pas pour intoxication criminelle, mais pour avoir commis, au moment où il était intoxiqué, l'acte constituant l'*actus reus* de l'infraction dont il est accusé. Par conséquent, dans les exemples qui précèdent, les accusés pourraient être condamnés pour avoir commis un homicide, des voies de fait ou un acte de vandalisme, suivant le cas, tandis qu'ils étaient en état d'intoxication. Nous aimerions connaître la réaction des lecteurs à l'égard de cette solution.

Certains experts-conseils ont proposé une autre solution consistant à créer l'«homicide commis sous l'influence de l'alcool», qui comporterait la même peine maximale que l'homicide «par insouciance». Mais à moins d'être disposé à traiter l'homicide de façon exceptionnelle à cet égard (et rien ne justifie une telle dérogation), en toute logique, il faudrait créer pour chaque infraction du *Code*, une infraction connexe dont l'*actus reus* serait commis sous l'influence de l'alcool. Ainsi, faudrait-il créer les voies de fait commises sous l'influence de l'alcool, le vandalisme commis sous l'influence de l'alcool, etc. C'en serait fait de l'objectif de généralité que comporte implicitement tout projet de codification.

C'est pourquoi nous ne recommandons pas l'inclusion, dans le chapitre portant sur l'homicide, de l'«homicide commis sous l'influence de l'alcool».

VIII. Conclusions générales et nomenclature

En somme, nous envisageons la subdivision suivante au sein des infractions participant de l'homicide:

«homicide intentionnel» l'homicide commis avec l'intention de tuer;

«homicide par insouciance» l'homicide que commet A lorsqu'il sait que son acte expose V à un danger de mort à la fois grave et injustifiable.

Aux termes de ces définitions, l'accusé qui, à l'heure actuelle, pourrait être trouvé coupable de meurtre aux termes du sous-alinéa 212a)(ii), du paragraphe 212c) ou de l'article 213, ne pourrait être déclaré coupable d'homicide «intentionnel» que dans le cas où il aurait eu l'intention de tuer[147]. Dans la négative, il serait coupable d'homicide «par insouciance», dans le cas où il aurait su qu'il exposait sa victime à un grave danger de mort. Dans l'hypothèse contraire, il ne serait coupable d'aucun homicide mais, cela va sans dire, il pourrait toujours être condamné pour le crime qu'il avait effectivement l'intention de commettre, soit un vol qualifié, un détournement d'aéronef, etc.

CHAPITRE QUATRE

Les peines relatives à l'homicide[148]

Quelles devraient être les peines relatives aux différents homicides dont nous avons recommandé la création? Les différents types d'homicides devraient-ils comporter chacun une peine spécifique, afin de bien marquer la gradation sur le plan de la gravité, ou devraient-ils comporter des peines qui soient plus en rapport avec celles que prévoit le droit actuel?

I.   Les peines prévues dans le droit actuel

Les peines actuelles en matière d'homicide présentent deux caractéristiques dignes de mention. En premier lieu, l'homicide involontaire coupable et le crime consistant à causer la mort par négligence criminelle comportent la même peine maximale, soit l'emprisonnement à perpétuité. En second lieu, le meurtre comporte en théorie une peine fixe, l'emprisonnement à perpétuité.

À cet égard, le cas du meurtre est assez singulier[149]. Bien sûr, certaines infractions prévues dans la *Loi sur la défense nationale*[150] sont punissables de mort mais de nos jours, leur valeur est plus théorique que pratique. Hormis ces infractions, tous les autres crimes comportent une peine variable; le Parlement se contente habituellement de prescrire une peine maximale et laisse au juge le soin de fixer la sentence[151]. Dans le cas du meurtre, par contre, les juges n'ont aucun pouvoir discrétionnaire et doivent condamner l'accusé à l'emprisonnement à perpétuité.

Le meurtre a toujours été marqué par ce caractère inflexible. Ainsi, en common law, le meurtre était toujours punissable de mort[152]. Il en a été de même au Canada pendant plus d'un demi-siècle. En 1965, cependant, l'application de la peine capitale a été restreinte à certains types particulièrement odieux de meurtre (le meurtre qualifié), les autres types de meurtre (meurtre non qualifié) entraînant invariablement l'emprisonnement à perpétuité[153]. Par la suite, en 1976, lorsque la peine capitale a été définitivement abolie, le meurtre qualifié et le meurtre non qualifié ont été remplacés par le meurtre au premier degré et le meurtre au deuxième degré respectivement, ceux-ci comportant tous les deux la peine fixe de l'emprisonnement à perpétuité[154]. Ces deux infractions se distinguent par ailleurs sur le plan de la libération conditionnelle: dans le cas du meurtre au deuxième degré, le meurtrier peut bénéficier d'une libération conditionnelle après avoir purgé dix ans de sentence, et dans le cas du meurtre au premier degré, il doit attendre vingt-cinq ans[155]. En pratique, le meurtre au second degré comporte donc une peine minimale de dix ans, et le meurtre au premier degré, une peine minimale de vingt-cinq ans.

L'autre caractéristique des peines actuelles concernant l'homicide est liée à l'homicide involontaire coupable et au fait de causer la mort par négligence criminelle. En vertu du *Code* actuel, ces deux infractions comportent la même peine. L'homicide involontaire coupable (y compris l'homicide qui, en l'absence de provocation, serait un meurtre) et le crime consistant à causer la mort par négligence criminelle (qui, dans une certaine mesure, fait double emploi avec l'homicide involontaire coupable et semble avoir été ajouté au *Code* à cause des réticences qu'éprouvaient les jurés à condamner pour homicide involontaire coupable les personnes ayant causé la mort d'un être humain en conduisant dangereusement un véhicule) rendent le coupable passible de l'emprisonnement à perpétuité.

Cet état de choses soulève quatre questions. Premièrement, si l'homicide commis par imprudence devait constituer une infraction au sein du *Code criminel*, devrait-il comporter une peine moindre que l'homicide par insouciance? Deuxièmement, l'homicide par insouciance devrait-il comporter une peine moindre que l'homicide intentionnel? Troisièmement, les homicides intentionnels devraient-ils tous comporter une peine fixe? Quatrièmement, devrait-on établir des degrés à l'intérieur des homicides intentionnels?

II. L'homicide par imprudence et l'homicide par insouciance

Si, contrairement à nos recommandations, on devait faire de l'homicide commis par imprudence une infraction, la différence entre celui-ci et l'homicide par insouciance, qui est plus grave, résiderait dans l'état d'esprit de l'auteur de l'infraction. L'homicide par imprudence consisterait dans un manquement grave à l'obligation de prendre les précautions nécessaires pour la vie d'autrui. L'homicide par insouciance consisterait dans le fait de tuer une personne en l'exposant consciemment à un danger de mort grave et inacceptable pour la société. Essentiellement, le premier crime reposerait sur l'inadvertance, alors que le second serait le résultat d'un risque pris délibérément.

Comme nous l'avons expliqué ci-dessus[156], il existe, sur le plan moral, une distinction entre l'inadvertance et l'insouciance délibérée. Si répréhensible que soit le mal causé par imprudence ou par inconscience, le même mal est certainement plus condamnable s'il est causé sciemment et par insouciance. Par conséquent, il est moins odieux de tuer par inadvertance ou par imprudence, quelle que soit la gravité de celle-ci, que de tuer par insouciance. L'homicide par imprudence est donc moins grave que l'homicide par insouciance.

Bien que cette différence de gravité ne soit pas évidente dans le *Code* actuel, il va sans dire qu'elle devrait être mise en évidence par les règles de droit. En premier lieu, elle devrait être incluse dans la définition des infractions par l'établissement d'une distinction nette quant à l'état d'esprit de l'accusé, comme nous l'avons suggéré dans nos recommandations. En second lieu, les peines fixées pour chaque infraction devraient refléter cette différence, la peine étant moins sévère dans le cas de l'homicide par imprudence que dans le cas de l'homicide par insouciance, comme nous l'avons proposé.

RECOMMANDATION

9. Dans le cas où l'homicide par «imprudence» serait érigé en infraction, il devrait comporter une peine moindre que l'homicide par «insouciance».

III. L'homicide par insouciance et l'homicide intentionnel

Suivant nos recommandations, l'homicide par insouciance se distinguerait de l'homicide intentionnel, celui-ci étant plus grave, par l'état d'esprit de l'auteur du crime. Comme nous l'avons expliqué ci-dessus[157], l'homicide par insouciance consisterait à tuer en exposant sciemment une personne à un danger de mort grave et inacceptable pour la société. En revanche, l'homicide intentionnel consisterait à tuer avec l'intention de tuer. Essentiellement, le premier crime résiderait dans la «connaissance», et le second, dans la poursuite d'un «dessein»[158].

Encore une fois, il existe une distinction très nette, sur le plan moral, entre ces deux infractions. En effet, on établit généralement une différence entre l'acte commis par insouciance et l'acte accompli à dessein. Si répréhensible que soit le fait de causer un mal prévu mais non voulu, il est certainement plus grave de causer ce mal à dessein. Le premier cas consiste pour le coupable à se jouer de la sécurité de sa victime, alors que dans le second cas, le coupable a effectivement l'intention de faire du mal à cette dernière. Par conséquent, dans les mêmes circonstances, l'homicide intentionnel doit être considéré comme plus grave que le fait de tuer sciemment par insouciance.

Cette différence devrait aussi se refléter dans les règles de droit. En premier lieu, elle devrait y être intégrée au moyen d'une distinction entre l'homicide intentionnel et l'homicide par insouciance sur le plan de l'état d'esprit requis. Traditionnellement, en common law, le meurtre était un homicide coupable commis avec préméditation, le "*manslaughter*", un homicide coupable commis sans préméditation. Aux termes de nos recommandations, l'homicide «intentionnel» consisterait à tuer avec l'intention de tuer, et l'homicide par insouciance, à tuer sans en avoir l'intention.

En second lieu, à l'instar de celle qui existe entre l'homicide par imprudence et l'homicide par insouciance, la distinction entre celui-ci et l'homicide intentionnel devrait se refléter dans les peines. Traditionnellement, aussi bien en common law qu'en vertu du *Code criminel*, le "*manslaughter*" et les autres homicides comportaient une peine moins sévère que le meurtre, celui-ci ayant

toujours été le seul à comporter une peine fixe[159]. En vertu de nos recomandations, l'homicide par insouciance entraînerait une peine moins lourde que l'homicide intentionnel.

RECOMANDATION

10. L'homicide par «insouciance» devrait comporter une peine moindre que l'homicide intentionnel.

IV.   Une peine fixe pour tous les homicides intentionnels?

En vertu du *Code* actuel, quiconque commet un meurtre au deuxième degré doit être emprisonné à perpétuité et ne peut bénéficier d'une libération conditionnelle qu'après avoir purgé dix ans de sa sentence. En théorie, il s'agit d'une peine fixe d'emprisonnement à perpétuité; en pratique, il s'agit d'une peine minimale de dix ans d'emprisonnement[160].

Il est certain que le droit doit stigmatiser davantage l'homicide intentionnel que l'homicide par insouciance. Bien entendu, si la peine maximale de celui-ci était moindre que l'emprisonnement à perpétuité, cette dernière peine pourrait être réservée, à titre de peine maximale, pour l'homicide intentionnel. Mais à l'heure actuelle, comme l'homicide involontaire coupable est lui-même punissable de l'emprisonnement à perpétuité, la seule façon de mettre en évidence le caractère particulièrement odieux du meurtre consiste à prévoir pour celui-ci une peine fixe d'emprisonnement à perpétuité.

L'inconvénient de cette solution réside dans sa rigidité. En effet, les meurtres ne sont certainement pas tous pareils; ils varient considérablement en ce qui a trait à leurs modalités et à leur gravité sur le plan moral. Comme l'ont souligné en 1953 les auteurs du *Report of the Royal Commission on Capital Punishment in England*, [TRADUCTION] «les infractions faisant partie de la catégorie visée par la définition limitative du meurtre en common law, sont sans doute celles qui varient le plus quant à leur nature et à leur caractère coupable[161]». À une extrémité de l'échelle, sur le plan du caractère condamnable, on trouve l'homicide non prémédité commis au cours d'une querelle, à titre de vengeance ou pour un autre motif répréhensible. Vient ensuite le meurtre passionnel,

commis par un conjoint jaloux par exemple, et qui semble moins odieux au regard de nos valeurs habituelles. Enfin, à l'autre extrémité se trouve le meurtre commis pour un motif qui semble louable du point de vue de l'accusé mais non du point de vue de la société, tel le meurtre par compassion.

Le droit actuel place tous ces types de meurtre sur un pied d'égalité. Pour peu que l'accusé ait eu l'intention de tuer ou se soit trouvé dans l'un des états d'esprit énumérés aux articles 212 et 213 du *Code criminel*, il se verra infliger la même peine dans chaque cas, peu importe son mobile. L'emprisonnement pour une période minimale de dix ans est obligatoire pour chaque infraction.

En toute justice, pourtant, il y aurait certainement lieu de tenir compte des circonstances de chaque cas, et notamment du mobile de l'accusé. C'est en effet de cette façon que fonctionne le reste du droit pénal qui, quelle que soit la définition de l'infraction, prescrit une peine maximale plutôt qu'une peine fixe, et donne au juge le pouvoir discrétionnaire de déterminer la sentence appropriée dans chaque cas. Cela permet de tenir compte avec une certaine souplesse, au stade postérieur à la condamnation, de facteurs comme l'incitation, la provocation et les circonstances atténuantes.

Nous estimons que cette façon de procéder devrait s'appliquer également au meurtre. La peine applicable à l'homicide «intentionnel», du moins en ce qui a trait au second degré, pourrait être laissée à l'appréciation du juge qui, après tout, est le mieux placé pour tenir compte de toutes les circonstances de chaque cas. En somme, ce type d'homicide pourrait, comme toutes les autres infractions, comporter seulement une peine maximale.

On pourrait objecter que cela constitue une dérogation trop importante par rapport à la tradition. En outre, cela pourrait susciter des craintes sérieuses et compréhensibles. En effet, si l'on éliminait les peines fixes, pourrait-on être vraiment sûr que les meurtriers se verraient infliger la peine qu'ils méritent, que la société serait protégée de façon satisfaisante et que le crime le plus grave entre tous serait suffisamment stigmatisé?

Quoique sérieuses et compréhensibles, ces craintes peuvent, à notre avis, être écartées pour plusieurs raisons. Premièrement, rien ne permet de douter que les juges infligeront des sentences appropriées pour ce crime comme ils le font pour toutes les autres

infractions. Deuxièmement, dans le cas exceptionnel où la sentence serait manifestement trop clémente, au Canada, contrairement à d'autres pays de common law, la Couronne pourrait toujours en appeler aux tribunaux supérieurs afin que ceux-ci imposent la sentence appropriée. Troisièmement, chose plus importante encore, notre recommandation ne concerne que l'homicide «intentionnel» au second degré; nous ne nous prononçons pas, à ce stade, au sujet du meurtre au premier degré et des actes particulièrement odieux qui feraient partie de cette catégorie.

Par conséquent, l'abolition de la peine fixe ou de la peine minimale, dans le cas de l'homicide «intentionnel» au second degré, serait en réalité une rupture moins radicale qu'on pourrait le croire à première vue. De fait, elle constituerait moins une rupture avec la tradition qu'une évolution de celle-ci. À l'origine, en effet, en droit sinon en fait, tous les meurtres étaient punissables de mort. À partir de 1965, le meurtre au deuxième degré devint, en pratique, punissable d'une peine d'emprisonnement minimale de dix ans. Dans cette optique, l'abolition de la peine minimale de dix ans n'est qu'une étape logique dans le processus de reconnaissance de la grande diversité des homicides. Cela donnerait à la détermination des sentences la souplesse nécessaire, et placerait l'homicide sur le même pied que tous les autres crimes.

Par ailleurs, l'abolition de la peine minimale aurait également pour effet de rendre inutiles les règles particulières concernant la provocation, l'infanticide et l'usage excessif de la force en cas de légitime défense. Plutôt que d'alourdir la tâche des juges et des jurés avec des règles de droit complexes et techniques, à cause de la peine fixe que comporte le meurtre, cette solution donnerait au juge la latitude nécessaire, au moment de déterminer la sentence appropriée, pour tenir compte de ces cas particuliers, comme il le ferait dans le cas de toute autre infraction. Examinons brièvement ces circonstances particulières.

V. L'usage excessif de la force en cas de légitime défense[162]

La façon dont le problème de l'usage excessif de la force en cas de légitime défense, est réglé par le droit actuel nous semble peu satisfaisante. En voici un exemple: V attaque A qui répond par

la force, mais de façon disproportionnée, et tue V. Quel crime A a-t-il commis?

Pour commencer, on pourrait répondre qu'il n'a commis aucun crime, c'est-à-dire que la légitime défense devrait constituer une justification complète, quel que soit le degré de force utilisé. Pour des raisons bien évidentes, cette solution n'a jamais été retenue par aucun pays. En effet, dans toute société civilisée, l'usage de la force doit, pour des raisons d'intérêt public, être interdit sauf s'il est absolument nécessaire, surtout lorsqu'il entraîne la mort. Or, l'emploi de la force ne peut être considéré comme absolument nécessaire que lorsqu'il constitue le minimum requis à une fin justifiable comme l'application de la loi, la légitime défense, etc. Permettre plus que cela mettrait en danger la notion même de paix, d'ordre et de bon gouvernement.

À l'opposé, on pourrait répondre que A est coupable de meurtre parce que la légitime défense ne devrait pouvoir être alléguée que par la personne qui n'a eu recours à la force que dans la mesure raisonnablement nécessaire. L'emploi de la force dans cette mesure minimale devrait entraîner un acquittement complet. En revanche, l'usage d'une force excessive détruit la justification et rend l'accusé coupable de meurtre (pour peu que celui-ci ait eu le *mens rea* nécessaire). Voilà la position du common law[163] et la règle applicable au Canada: *Brisson* c. *R.*[164]. Cette position a également été retenue dans le document de travail n° 29 portant sur la partie générale[165].

Par ailleurs, on pourrait répondre que A a commis un homicide involontaire coupable. Ce «moyen terme», que l'on a adopté dans certains États australiens[166], permet de reconnaître que la personne agissant en légitime défense, quel que soit le degré de force qu'elle utilise, est soumise à des pressions et à des difficultés particulières et que, pour cette raison, elle est nettement moins condamnable que celle qui tue de sang-froid. En outre, il permet d'éviter la situation injuste consistant à atténuer la responsabilité de la personne agissant sous l'effet de la provocation, laquelle est blâmable a priori, mais non celle de la personne agissant en légitime défense, dont la conduite ne peut être blâmée au départ.

Pourtant, il y aurait sans doute moyen de résoudre ce problème de façon plus satisfaisante. La solution, à l'instar du moyen terme[167] que nous venons d'expliquer, consisterait à reconnaître la respon-

sabilité atténuée de la personne faisant usage d'une force excessive en cas de légitime défense. Mais, contrairement à ce moyen terme, et suivant le common law et la décision rendue par la Cour suprême du Canada dans l'affaire *Brisson* c. R.[168], il y aurait lieu de reconnaître que dans le cas où l'accusé aurait eu le *mens rea* requis, il avait effectivement l'intention de tuer et, en toute logique, ne pourrait être condamné seulement pour homicide involontaire coupable[169]. La meilleure solution semble donc celle qui consiste à abolir la peine fixe dans le cas de l'homicide «intentionnel» au second degré (1), de façon que la légitime défense ne soit pas une excuse lorsque le degré de force utilisé est excessif, mais que l'attaque à laquelle s'est livrée la victime puisse constituer une circonstance atténuante au moment de déterminer la sentence appropriée.

VI. La provocation[170]

Dans bon nombre de cas, des voies de fait sont commises par suite, non pas de l'attaque de la victime, mais plutôt d'un autre type de conduite qui met la personne en colère au point de lui faire perdre le contrôle d'elle-même. Bien qu'inexcusable, cette perte de contrôle est néanmoins compréhensible dans la mesure où une personne moyenne, placée dans la même situation, aurait eu la même réaction. Il serait vain d'exiger de l'accusé qu'il se soit maîtrisé plus que ne l'aurait fait une personne moyenne. Ainsi, la réprobation de la conduite de l'accusé est-elle tempérée par la reconnaissance des pressions exercées sur lui.

Cette position est celle qu'a adoptée le common law. En effet, de façon générale, la provocation ne constitue pas un moyen de défense mais plutôt une circonstance atténuante: elle ne peut écarter la culpabilité, mais il est possible d'en tenir compte lors de la détermination de la sentence[171]. Par exemple, si A attaque V sous l'effet d'une provocation flagrante, celle-ci ne peut empêcher la condamnation de A mais peut avoir pour effet de réduire la sentence. En pareil cas, il est probable que A commencerait par présenter un plaidoyer de non-culpabilité, contre-interrogerait V afin d'établir l'existence de la provocation, puis modifierait son plaidoyer en mettant en évidence cette circonstance atténuante.

En matière d'homicide, cependant, la situation a toujours été différente. Comme le meurtre entraînait une peine invariable, il

était impossible de tenir compte des circonstances atténuantes. Par conséquent, pour que la provocation puisse être prise en considération, l'accusation de meurtre devait être réduite à celle d'homicide involontaire coupable, lequel ne comportait pas de peine fixe, ce qui permettait au juge d'exercer son pouvoir discrétionnaire dans la détermination de la sentence. Ce mécanisme était applicable à condition que l'accusé ait effectivement été provoqué, et que la provocation fût de nature à avoir le même effet sur une personne raisonnable.

On retrouve pour l'essentiel cette règle de common law dans le *Code criminel*[172]. Aux termes du paragraphe 215(1), un homicide coupable qui autrement serait un meurtre, peut être réduit à un homicide involontaire coupable si la personne qui l'a commis a ainsi agi dans un accès de colère causé par une provocation soudaine. Le paragraphe 215(2) dispose pour sa part qu'une action injuste ou une insulte de telle nature qu'elle suffirait à priver une personne ordinaire du pouvoir de se maîtriser, est une provocation si l'accusé a agi sous l'impulsion du moment et avant d'avoir eu le temps de reprendre son sang-froid. Quant au paragraphe 215(3), il énonce que pour l'application de cet article, les questions de savoir si une action injuste ou une insulte déterminée équivalait à une provocation, et si l'accusé a été privé du pouvoir de se maîtriser par la provocation qu'il allègue avoir reçue, sont des questions de fait, mais nul n'est censé avoir provoqué un autre individu en faisant quelque chose qu'il avait un droit légal de faire, ou en faisant une chose que l'accusé l'a incité à faire afin de fournir à l'accusé une excuse pour causer la mort ou des lésions corporelles à un être humain. Enfin, d'après le paragraphe 215(4), un homicide coupable qui autrement serait un meutre, n'est pas nécessairement un homicide involontaire coupable du seul fait qu'il a été commis par une personne au moment où elle était illégalement mise en état d'arrestation, mais le fait que l'illégalité de l'arrestation fût connue de l'accusé peut constituer une preuve de provocation[173].

Les règles de droit qui découlent de ces dispositions semblent prêter à la critique sous deux rapports. En premier lieu, le libellé du paragraphe 215(2) est trop complexe. En second lieu, ces dispositions semblent énoncer deux façons distinctes mais chevauchantes de réduire le meurtre à un homicide involontaire.

Voyons d'abord la complexité de la formulation. D'une part, la règle suivant laquelle la provocation doit être suffisante pour priver

une personne ordinaire du pouvoir de se maîtriser semble établir un critère objectif pour l'application duquel les traits de caractère de l'accusé n'entrent pas en jeu[174]. Or, comment peut-on apprécier de façon appropriée les pressions qui s'exercent sur une personne sans se mettre à sa place? D'autre part, les dispositions du paragraphe 215(2), selon lesquelles une action injuste ou une insulte est une provocation si l'accusé a agi sous l'impulsion du moment et avant d'avoir eu le temps de reprendre son sang-froid, ont souvent été interprétées par les tribunaux comme établissant un critère subjectif et permettant au juge de tenir compte des traits de personnalité de l'accusé, afin de déterminer s'il avait agi sous l'impulsion du moment et avant d'avoir eu le temps de reprendre son sang-froid[175].

En second lieu, les dispositions qui précèdent semblent établir deux façons différentes de réduire le meurtre à un homicide involontaire coupable. En effet, aux termes du paragraphe 215(1), le meurtre peut être ainsi réduit en raison de la provocation. Par ailleurs, il peut être réduit parce que la colère de l'accusé, qu'elle ait ou non résulté de la provocation, a privé celui-ci du *mens rea* requis par la définition du meurtre[176].

L'abolition de la peine fixe dans le cas de l'homicide «intentionnel» au deuxième degré aurait l'avantage de supprimer ces difficultés. Comme dans le cas de toutes les autres infractions, la provocation constituerait une circonstance atténuante, plutôt qu'un élément de l'infraction. En conséquence, l'homicide commis par suite d'une provocation serait considéré plus justement (car en fait, l'accusé a généralement l'intention de tuer) comme un homicide «intentionnel», et non comme un crime correspondant essentiellement à l'insouciance.

Certains de nos experts-conseils ont mis en doute le bien-fondé d'un tel mécanisme. Pour commencer, ils ont dit éprouver des réticences, par ailleurs fort compréhensibles, à qualifier de meurtrière une personne qui a tué sous l'effet de la provocation. Ensuite, ils ont prétendu qu'il serait difficile, dans le contexte de ce mécanisme, de prouver la provocation de façon satisfaisante, aux fins de la sentence.

Voici notre réponse au premier argument. Premièrement, même si le terme «meurtre» semble injuste pour désigner le fait de tuer sous l'effet de la provocation, avec déférence pour le common

law, le terme «homicide involontaire coupable» (*"manslaughter"*) n'est certainement pas plus approprié pour désigner un homicide commis avec l'intention de tuer (et l'homicide commis sous l'effet de la provocation fait partie de cette catégorie). Deuxièmement, c'est justement pour des raisons de cet ordre qu'il semble souhaitable d'abandonner la terminologie traditionnelle et de la remplacer par des termes comme «homicide intentionnel» et «homicide par insouciance». Troisièmement, les arguments relatifs à la nomenclature ne devraient pas avoir pour effet de reléguer au second plan la question fondamentale qui est la suivante: quelle est la meilleure manière de régler le problème de la provocation? Par la création de règles particulières, de façon que la peine fixe ne soit pas applicable à certains homicides intentionnels, ou par l'établissement d'une peine maximale permettant au juge d'exercer son pouvoir discrétionnaire?

Pour ce qui est du second argument, voici notre réponse. Premièrement, en principe, les difficultés de preuve ne devraient pas être plus grandes dans les cas d'homicide que dans les cas où la victime ne meurt pas. L'accusé qui désire prouver la provocation pourrait présenter un plaidoyer de non-culpabilité, procéder à un contre-interrogatoire afin d'établir la provocation, puis faire un nouveau plaidoyer et mettre en évidence cette circonstance atténuante. Deuxièmement, dans le cas où l'absence inévitable de la victime rendrait ce processus peu efficace, il y aurait toujours moyen d'établir des mécanismes permettant d'obtenir la preuve nécessaire. La question fondamentale reste la suivante: l'exercice du pouvoir discrétionnaire, au moment de la détermination de la sentence, est-il le meilleur moyen de tenir compte de la provocation? Dans l'affirmative, des règles de preuve et de procédure peuvent être élaborées afin de mettre en œuvre ce principe.

VII. L'infanticide[177]

L'infanticide a été ajouté au *Code criminel* en 1948 et a pris sa forme actuelle lors de la révision de 1955. Définie à l'article 216, cette infraction consiste pour la mère d'un enfant nouveau-né à causer la mort de celui-ci au moyen d'un acte ou d'une omission, si au moment de l'acte ou de l'omission, elle n'est pas complètement remise d'avoir donné naissance à l'enfant ou si, de ce fait ou par suite de la lactation consécutive à la naissance de l'enfant, son

esprit est déséquilibré. Cette infraction est punissable d'une peine maximale de cinq ans d'emprisonnement[178].

Fondamentalement, l'infanticide constitue un type de meurtre réduit[179]. Avant 1948, la personne qui commettait un infanticide devait, à strictement parler, être déclarée coupable de meurtre. D'une part, en effet, le déséquilibre mental mentionné à l'article 216 n'était pas suffisant pour être considéré comme de l'aliénation mentale au sens de l'article 16, puisqu'il ne s'agissait pas d'une maladie mentale rendant la personne incapable de juger la nature et la qualité d'un acte ou d'une omission, ou de savoir qu'un acte ou une omission étaient mauvais. D'autre part, aucune autre forme d'atténuation de la responsabilité qui ne soit pas visée par la définition légale de l'aliénation mentale n'aurait pu être admise à cette époque pour écarter le *mens rea*. L'infanticide a donc été ajouté au *Code criminel* afin d'éviter que soient condamnées pour meurtre et punies de mort les mères souffrant d'un déséquilibre mental par suite de la naissance de l'enfant ou de la lactation[180].

Dans sa rédaction actuelle, l'article 216 peut être critiqué sous plusieurs rapports. Premièrement, il crée une situation assez singulière sur le plan de la charge de la preuve. Deuxièmement, il repose sur des connaissances médicales dépassées au sujet des effets de l'accouchement. Troisièmement, l'évolution de la jurisprudence concernant le moyen de défense fondé sur l'aliénation mentale semble avoir rendu cette disposition inutile sur le plan juridique.

Premièrement, bien que ces dispositions aient manifestement été conçues afin d'établir un type de meurtre réduit, l'article 216 ne contient aucune mention à cet égard, contrairement à la loi anglaise correspondante, l'*Infanticide Act*, qui énonce ce qui suit: [TRADUCTION] «... bien que les circonstances soient telles que, n'eût été la présente loi, l'infraction aurait constitué un meurtre». Au Canada, l'infanticide est défini tout simplement comme une infraction distincte, ce qui crée une situation assez embarrassante sur le plan de la charge de la preuve[181].

Voyons le mécanisme assez particulier de cette infraction. Si le déséquilibre dont il est question en matière d'infanticide avait été envisagé dans la même optique que la provocation, les règles relatives à la charge de la preuve s'appliqueraient de la façon suivante: la mère accusée de meurtre aurait la charge de prouver

les troubles mentaux qu'elle allègue tandis que la Couronne aurait, comme à l'habitude, la charge de persuader le jury hors de tout doute raisonnable qu'en réalité, la mère ne souffrait pas de troubles mentaux. Or, à l'heure actuelle, la Couronne a, outre la charge de présentation, la charge légale de prouver hors de tout doute raisonnable le déséquilibre mental de l'accusée.

Cela entraîne un résultat curieux. Dans le cas de la provocation, le défaut, de la part de l'accusé, d'établir un doute raisonnable quant à la circonstance atténuante rendrait celui-ci coupable de meurtre. Dans le cas de l'infanticide, au contraire, à défaut par la Couronne de prouver le déséquilibre mental hors de tout doute raisonnable, l'accusée serait en principe coupable, non pas de l'infraction moindre d'infanticide, mais bien du crime plus grave qu'est le meurtre. Cependant, comme l'infraction reprochée est l'infanticide et que, celui-ci n'étant pas une infraction incluse du meurtre, la mère ne peut être poursuivie à nouveau puisque cela constituerait une double mise en accusation relativement au même homicide[182], l'accusée devrait être acquittée purement et simplement. Afin de combler cette lacune, l'article 590 dispose que même si le déséquilibre mental prescrit n'est pas prouvé, la mère peut être condamnée pour infanticide. En d'autres termes, le *Code* définit une infraction comme exigeant la preuve d'un certain élément, puis dans une autre disposition, dispense le ministère public de prouver cet élément.

Deuxièmement, les connaissances médicales actuelles[183] semblent mettre en doute l'existence d'un rapport entre, d'une part, le déséquilibre mental en cause en matière d'infanticide et, d'autre part, l'accouchement et la lactation. Tout ce que nous sommes en mesure d'affirmer, c'est que les perturbations physiologiques et psychologiques de l'accouchement peuvent déclencher diverses psychoses ou névroses latentes, que la période suivant l'accouchement est celle où une femme est le plus susceptible de commettre un homicide, et que la victime la plus probable est l'enfant nouveau-né.

Par conséquent, dans la mesure où l'accouchement semble aggraver des problèmes latents plutôt qu'être lui-même la source d'un déséquilibre mental, la portée des règles actuelles du droit canadien en matière d'infanticide paraît trop limitée. Comme on l'a souvent fait remarquer[184], les tensions qu'éprouve une mère peuvent persister au-delà de l'année suivant l'accouchement

(l'enfant nouveau-né est défini à l'article 2 du *Code* comme un enfant âgé de moins d'un an). Par ailleurs, le père, aussi bien que la mère, peut subir des tensions analogues. Enfin, ces tensions peuvent amener un parent à tuer un enfant qui n'est plus nouveau-né. Comme nous l'avons mentionné, l'infanticide a été introduit dans le *Code* par sympathie pour les femmes qui tuent leur enfant nouveau-né, sympathie qui se traduisait par les réticences qu'éprouvaient les jurés à condamner ces femmes pour meurtre[185]. Quoi qu'il en soit, les connaissances médicales ne justifient plus que ce traitement particulier soit, d'une part, réservé à la mère d'un enfant nouveau-né et, d'autre part, refusé au père subissant des tensions analogues et à la mère qui tue son enfant âgé de plus d'un an ou un autre enfant que celui dont la naissance a déclenché la psychose ou la névrose. Autrement dit, il serait sans doute préférable de donner une portée plus générale au moyen de défense fondé sur les troubles mentaux, de façon à le rendre applicable dans de tels cas.

Par ailleurs, l'évolution de la jurisprudence au sujet des troubles mentaux et du *mens rea* en matière d'homicide a contribué à réduire l'utilité des dispositions relatives à l'infanticide. De nos jours, les troubles mentaux non visés par la définition de l'aliénation mentale à l'article 16 du *Code*, seraient néanmoins considérés par la plupart des cours d'appel canadiennes[186] comme empêchant l'accusée de former l'intention de tuer, et partant, de commettre un meurtre[187]. Dans ces conditions, une femme accusée d'avoir tué son enfant nouveau-né pourrait être acquittée de meurtre en raison de ce déséquilibre mental, et être déclarée coupable de l'infraction incluse d'homicide involontaire.

Dans le contexte de nos recommandations, l'inutilité des dispositions relatives à l'infanticide est encore plus flagrante. En premier lieu, si l'homicide «intentionnel» comportait désormais une peine variable, les tensions que subissait l'accusée dans un tel cas pourraient être prises en considération, à titre de circonstance atténuante. En second lieu, si l'on adoptait une règle semblable à celle qui a été proposée dans la seconde version de l'article 5 des dispositions proposées dans le document de travail nº 29, l'accusé pourrait, dans un cas semblable, invoquer le moyen de défense fondé sur les troubles mentaux. De portée plus large que le moyen de défense actuel fondé sur l'aliénation mentale, les troubles mentaux pourraient être allégués par toute personne qui serait en mesure de prouver qu'en raison d'une maladie ou d'une déficience

mentale, elle était privée de la capacité effective de juger la nature, les conséquences ou le caractère moralement répréhensible de sa conduite, ou de se conformer aux exigences de la loi. En somme, la responsabilité atténuée de l'accusé pourrait être prise en considération à deux stades différents du procès.

On pourrait bien sûr objecter que ce mécanisme aurait pour effet encore une fois de soumettre les femmes se trouvant dans de telles circonstances au traumatisme que représente un procès pour homicide «intentionnel». En réponse à cet argument, nous croyons qu'il vaut mieux qu'une accusée dont la responsabilité est atténuée par un déséquilibre mental soit acquittée puis soumise à des traitements spéciaux en raison de ces troubles mentaux, plutôt qu'être trouvée coupable et, éventuellement, être condamnée à une peine d'emprisonnement. Cela dit, nous tenons à souligner que les dispositions définissant l'infanticide sont rarement utilisées. Pour l'année 1981, Statistique Canada ne rapporte que trois cas d'infanticide. Parmi ceux-ci, une seule accusation a été portée, et l'accusée n'a pas été trouvée coupable[188]. Depuis 1974, en général, le nombre annuel d'infanticides rapportés ne dépasse pas cinq. Par ailleurs, lorsqu'il y a condamnation à la suite d'une accusation d'infanticide, c'est souvent pour une infraction moindre, comme le défaut de fournir les choses nécessaires à l'existence[189]. Il n'existe aucune raison de penser que les modifications que nous proposons entraîneraient un changement à cet égard.

Pour toutes ces raisons (permettre une plus grande souplesse, afin que les cas particuliers soient réglés de façon plus juste, et éliminer les règles complexes concernant la provocation et l'infanticide), nous estimons que l'homicide «intentionnel» au second degré ne devrait pas comporter de peine fixe.

RECOMMANDATION

11. L'homicide «intentionnel» devrait comporter deux degrés, et le second degré devrait comporter seulement une peine maximale d'emprisonnement à perpétuité.

VIII.   Les degrés de l'homicide intentionnel

Enfin, devrait-il exister un seul type d'homicide intentionnel comportant une seule peine? L'homicide intentionnel devrait-il au

contraire comporter plusieurs degrés, le premier degré entraînant une peine plus sévère?

Au Canada, la distinction actuelle entre les deux degrés du meurtre est établie à l'article 214. Aux termes de cette disposition, le meurtre au premier degré peut revêtir les formes suivantes:

(1)   le meurtre commis avec préméditation;

(2)   le meurtre commis contre rémunération;

(3)   le meurtre dont la victime fait partie de la catégorie prescrite par la loi, tel un agent de police;

(4)   le meutre commis au cours de la perpétration de certaines infractions comme le détournement d'aéronef; et

(5)   le meurtre commis par une personne antérieurement déclarée coupable de meurtre.

On peut toutefois avancer certains arguments à l'encontre d'une telle distinction, et en faveur de l'ancienne position du common law, suivant laquelle il n'existait pas de degrés en matière de meurtre. Premièrement, dans toute son histoire, notre droit n'a jamais connu qu'un seul crime de meurtre comportant une seule peine; les degrés du meurtre sont une innovation récente. Deuxièmement, un meurtre est un meurtre, un mal absolu qui n'admet pas de degrés. Troisièmement, l'existence d'un seul type de meurtre rendrait le droit plus simple; en effet, [TRADUCTION] «s'il est un domaine où le droit devrait parler simplement, sans sophisme ni détour, c'est bien celui du meurtre[190].»

Ce troisième argument semble corroboré par le droit actuel. En effet, les dispositions de l'article 214 sont manifestement beaucoup moins claires et simples qu'elles devraient l'être. Ces dispositions, où sont établies les diverses catégories de meurtre, s'appuient sur celles des articles 212 et 213. Celles-ci, qui instituent la distinction entre le meurtre et les autres homicides, reposent quant à elles sur l'article 205 où est défini l'homicide coupable. En conséquence, les règles sur le meurtre sont complexes, entrelacées et difficiles à mémoriser, d'où les problèmes notoires qui se posent lorsqu'il s'agit de donner des directives aux jurys[191].

En outre, les distinctions actuelles suscitent des difficultés considérables. Prenons par exemple la distinction établie au

paragraphe 214(2), entre le meurtre prémédité et les autres meutres[192]. Lorsqu'une personne a l'intention de tuer, on peut tenir pour acquis que le meurtre est prémédité puisque, comme on l'a défini fort justement, cet adjectif désigne l'acte auquel on n'a pas pensé seulement après coup[193]. En revanche, lorsque cette personne est provoquée, même si la provocation n'a pas pour effet de réduire le meurtre à un homicide involontaire coupable, on ne saurait dire pour autant que le meurtre était prémédité[194].

Par ailleurs, les règles du droit actuel sont caractérisées par l'absence de principe directeur. Ainsi, le paragraphe 214(5) dispose que même en l'absence de préméditation, un meurtre est un meurtre au premier degré lorsqu'il est commis au cours de la perpétration de certaines infractions prescrites[195]. Assez curieusement, la liste des infractions en cause est beaucoup plus courte que celle de l'article 213, suivant lequel l'homicide est un meurtre lorsqu'il est commis au cours de la perpétration de certaines infractions[196]. Or, l'analyse et la comparaison de ces deux listes ne révèle aucun principe directeur qui puisse justifier leur disparité.

Tous ces facteurs alourdissent considérablement la tâche du juge et du jury. Il faut en effet beaucoup de temps et d'efforts pour analyser, comme s'il s'agissait de questions de droit, des éléments qui sont en réalité des questions de fait dont l'appréciation devrait reposer sur la preuve[197]. Par ailleurs, cela entraîne inévitablement la participation du jury au processus de détermination de la sentence, contrairement à ce que nous avons recommandé dans le rapport n° 16[198].

Pourtant, plusieurs arguments militent en faveur des degrés du meurtre. Premièrement, s'il est vrai que le common law ne prévoyait qu'un seul type de meurtre, rappelons que celui-ci était punissable de mort. Il ne pouvait donc pas exister de forme aggravée du meurtre. Par contre, les degrés ont été introduits afin de restreindre l'application de la peine capitale aux meurtres les plus graves, mais ont survécu à l'abolition de la peine de mort, afin que les meurtres les plus odieux continuent d'être stigmatisés.

Deuxièmement, même si l'abolition des degrés du meurtre avait réellement pour effet de rendre le droit plus simple, et bien que les règles actuelles concernant les degrés du meurtre soient d'une grande complexité, il n'est pas nécessaire que la classification des meurtres en divers degrés soit aussi complexe que celle du *Code* actuel. Nous reviendrons plus loin sur cette question.

Troisièmement, bien qu'un meurtre soit un meurtre, quel que soit le mobile de l'accusé, d'après le simple bon sens, certains meurtres sont plus condamnables que d'autres. Le meurtre accompli de sang-froid, par exemple, est plus grave que celui qui est commis dans le feu d'une dispute. De même, le meurtre effectué en vertu d'une entente est plus répréhensible que le meurtre commis par un conjoint jaloux. Enfin, le meurtre commis par un pirate de l'air est plus grave que l'homicide euthanasique commis par un médecin compatissant.

Ces considérations et distinctions fondées sur le simple bon sens sous-tendent les dispositions de l'article 214 du *Code*. Comme nous l'avons expliqué ci-dessus, c'est à dessein que l'on a restreint l'application de la peine la plus sévère au meurtre commis de sang-froid (c'est-à-dire prémédité), au meurtre commis aux termes d'une entente (contre rémunération), au meurtre commis au cours d'un détournement d'aéronef (article 76.1), ainsi qu'à la récidive (c'est-à-dire le meurtre commis par une personne antérieurement trouvée coupable de meurtre). Dans cette optique, l'article 214 paraît conforme aux valeurs morales courantes.

Une analyse plus attentive révèle cependant que les dispositions de l'article 214 dérogent à ces valeurs, dans la mesure où le degré de gravité qu'elles associent à certains meurtres n'est pas celui qu'on leur rattache habituellement. Par exemple, les mots «commis avec préméditation» visent le meurtre perpétré de sang-froid. C'est à juste titre que ces mots stigmatisent le meurtre commis contre rémunération. En revanche, il y a lieu de se demander si c'est à bon droit que ces mots visent également le meurtre par compassion qui, bien qu'il soit commis avec le consentement de la victime et pour un motif louable, n'en est pas moins prémédité. Par ailleurs, la mention du meurtre «d'un officier de police, etc.» présente l'avantage de reconnaître que les personnes chargées de l'application de la loi doivent être protégées de façon particulière; cela présente toutefois l'inconvénient d'accorder plus d'importance à la vie de certaines personnes qu'à celle des autres. Ensuite, la règle du meurtre concomitant de certaines infractions souligne le caractère odieux de certains actes comme la piraterie aérienne, mais c'est à tort qu'elle distingue ceux-ci d'autres actes de terrorisme, ceux qui sont commis à bord d'un navire, d'un train ou d'un immeuble, par exemple. Dans le cas du meurtre commis par une personne «antérieurement ... déclarée coupable de meurtre», cette règle permet de reconnaître le surcroît

de blâme que comporte la récidive, mais laisse entendre que la mort de la victime est moins horrible si le coupable n'a jamais tué auparavant.

Il est donc clair que les règles de droit formulées à l'article 214 ne reposent sur aucun principe bien déterminé. Afin de dégager ce principe, examinons ce qui rend certains meurtres plus graves que d'autres. Les meurtres les plus graves sont sans doute ceux qui sont commis afin de réaliser un gain matériel, par vengeance ou pour un autre motif condamnable (par exemple, pour se débarrasser d'un témoin ou d'un rival), ceux qui constituent un moyen de perpétrer un autre crime, ceux qui sont commis par suite d'une entente et, enfin, ceux qui constituent des actes de terrorisme.

L'élément commun à ces différents types de meurtre est la volonté du meurtrier de subordonner la vie de la victime à ses propres fins. Bien qu'il soit essentiel, le caractère délibéré ne suffit pas puisque, par exemple, le meurtre par compassion ne fait pas partie des meurtres les plus odieux, encore qu'il soit délibéré. L'autre élément nécessaire est le mépris pour la vie, qui apparaît clairement dans les exemples de meurtres particulièrement horribles que nous venons de donner.

Selon nous, la classification des homicides intentionnels à partir d'un tel principe débarrasserait le droit de plusieurs des défauts qui le caractérisent actuellement. La règle découlant de ce principe serait beaucoup plus simple à expliquer au jury, dans la mesure où cette classification serait plus en rapport avec les valeurs morales courantes en matière de meurtre. Cette règle aurait également pour effet de rassurer les citoyens qui se préoccupent de la protection de la société, puisque les meurtres vraiment odieux seraient traités comme tels par la loi.

Dans ces conditions, nous recommandons l'adoption d'une classification fondée sur le principe décrit ci-dessus. La conformité de ce principe avec la morale courante ne fait aucun doute. Il correspond tout à fait aux exigences de l'intérêt public. Par ailleurs, il devrait selon nous obtenir la faveur du public.

La règle ainsi conçue reprendrait l'essence de l'article 214 du *Code* actuel, mais sous la forme d'un principe plus clair. Nous sommes d'avis que le premier degré devrait viser le meurtre prémédité, mais non le meurtre par compassion qui ne comporte

pas, de la part de l'auteur de l'infraction, la volonté de subordonner la vie de la victime à ses propres fins. Ainsi, le premier degré viserait-il notamment:

(a) le meurtre faisant suite à une entente;

(b) le meurtre commis en vue d'un gain matériel, par exemple, en vue de commettre un vol ou un vol qualifié, ou à des fins d'héritage;

(c) le meurtre commis en vue de gagner un avantage personnel, par exemple, le meurtre d'un agent de police, d'un gardien de prison ou d'une autre personne afin de faciliter une évasion;

(d) le meurtre commis pour des motifs de nature politique, par exemple, l'assassinat politique et le terrorisme; et

(e) l'homicide intentionnel répété, lorsque le caractère répétitif témoigne du mépris de l'accusé pour la vie humaine.

Par ailleurs, certains meurtres actuellement inclus dans les catégories énumérées à l'article 214 ne seraient plus visés par le premier degré. En effet, serait exclu le meurtre prémédité qui ne comporterait pas, de la part de l'auteur de l'infraction, la volonté de subordonner la vie de la victime à ses propres fins, par exemple, le meurtre par compassion. La récidive serait également exclue lorsqu'elle ne témoigne pas clairement du mépris pour la vie. Enfin, seraient exclus tous les meurtres qui ne sont pas vraiment prémédités, comme le meurtre commis au cours d'une dispute, le meurtre commis par un conjoint jaloux, etc., qui à l'heure actuelle, constituent des meurtres au deuxième degré. Ceux-ci, de même que d'autres homicides qui font actuellement partie de la catégorie des ''*manslaughter*'' volontaires, constitueraient tous, en vertu de la nouvelle règle, des homicides intentionnels au second degré.

Il faudra d'autres études, d'autres discussions et d'autres consultations, afin de déterminer quelle est la meilleure façon de formuler cette règle. À notre avis, celle-ci devrait avoir la portée que nous venons d'expliquer, quant aux cas énumérés, mais cette portée pourrait éventuellement être modifiée, si le besoin s'en faisait sentir. En effet, contrairement à ce que nous pensions au départ, les résultats des consultations préliminaires au sujet de l'homicide nous ont convaincus que les degrés du meurtre devaient être conservés. De même, il est possible qu'à la lumière de

consultations subséquentes, nous décidions de modifier notre position quant à ce qui doit être inclus dans les homicides intentionnels au premier degré, et que nous comprenions plus clairement le principe à la base de la distinction entre les degrés de l'homicide intentionnel.

En temps voulu, il faudra formuler la règle avec plus de certitude afin de bien énoncer le principe qui la sous-tend. Au cours de nos consultations au sujet de l'homicide, nous avons été frappés par l'importance que l'on semble attacher à la certitude dans ce domaine. Certes, comme le juge Dixon l'a fait remarquer dans l'affaire *Leary*[199], le droit pénal devrait, de façon générale, être caractérisé par la clarté, la simplicité et la certitude. Mais comme nos experts-conseils l'ont souligné, il n'est aucun domaine du droit pénal où la certitude ait plus d'importance que celui-ci, puisqu'il s'agit du plus grave de tous les crimes et de la catégorie la plus grave de ce crime.

Enfin, on aura remarqué que nous n'avons fait aucune recommandation en ce qui a trait à la peine minimale précise que devrait comporter l'homicide intentionnel au premier degré. Il va sans dire que celle-ci dépendra de la politique que l'on adoptera en matière sentencielle dans le nouveau *Code*. Par exemple, si, contrairement à nos recommandations, l'homicide intentionnel au second degré devait lui-même comporter une peine minimale de dix ans, par exemple, l'homicide intentionnel au premier degré devrait nécessairement comporter une peine minimale plus sévère. Par contre, si l'homicide au second degré ne devait pas comporter de peine minimale, et que les peines maximales fixées pour d'autres infractions connexes contre les personnes soient considérablement réduites par rapport à ce qu'elles sont actuellement, la peine minimale relative à l'homicide intentionnel au premier degré pourrait être moindre que la peine actuelle. C'est pourquoi, dans le présent chapitre, et dans l'ensemble du présent document de travail, nous avons concentré nos efforts sur les questions de fond.

RECOMMANDATION

12. L'homicide intentionnel au premier degré devrait comporter une peine minimale et être défini en principe comme un homicide intentionnel comportant, de la part de l'auteur de l'infraction, la volonté de subordonner la vie de la victime à ses propres fins.

Sommaire des recommandations

1. La distinction entre l'homicide coupable et l'homicide non coupable devrait être supprimée — l'article 205 devrait être abrogé.

2. Les dispositions imposant des devoirs particuliers devraient être remplacées par des dispositions figurant dans la partie générale — les articles 197 à 199 devraient être abrogés et remplacés par de nouvelles dispositions dans la partie générale.

3. Les dispositions particulières concernant la causalité devraient être remplacées par une disposition générale figurant dans la partie générale — les dispositions des alinéas 205(5)c) et d), du paragraphe 205(6) et des articles 207 à 211 devraient être abrogées et remplacées par de nouvelles dispositions dans la partie générale.

4. Conformément au droit actuel, seule une personne déjà née devrait pouvoir être victime d'un homicide. Cette disposition devrait toutefois être formulée en termes explicites, et non au moyen d'une restriction artificielle de l'expression «être humain».

5. Aucune définition de la mort ne devrait figurer dans le *Code*, à condition toutefois que la définition recommandée dans le rapport n° 15, intitulé *Les critères de détermination de la mort*, soit incluse dans la *Loi d'interprétation*.

6. Le terme «homicide intentionnel» ne devrait viser que l'homicide commis avec l'intention de tuer, et les cas d'intention réputée devraient être exclus de cette catégorie.

7. Le terme «homicide intentionnel» ne devrait désigner que l'homicide commis avec l'intention de tuer, et les cas d'homicide commis par insouciance devraient être exclus de cette catégorie.

8. Le terme «homicide par insouciance» ne devrait désigner que l'homicide commis par insouciance, c'est-à-dire le fait pour une

personne de causer la mort d'un être humain en exposant sciemment celui-ci à un danger de mort à la fois grave et inacceptable pour la société.

9. Dans le cas où l'homicide par «imprudence» serait érigé en infraction, il devrait comporter une peine moindre que l'homicide par «insouciance».

10. L'homicide par «insouciance» devrait comporter une peine moindre que l'homicide intentionnel.

11. L'homicide «intentionnel» devrait comporter deux degrés, et le second degré devrait comporter seulement une peine maximale d'emprisonnement à perpétuité.

12. L'homicide intentionnel au premier degré devrait comporter une peine minimale et être défini en principe comme un homicide intentionnel comportant, de la part de l'auteur de l'infraction, la volonté de subordonner la vie de la victime à ses propres fins.

Les règles de droit proposées en matière d'homicide

Voici donc la façon dont nous envisageons les règles de droit relatives à l'homicide au sein d'un nouveau code pénal. Premièrement, il n'y a pas lieu de formuler une distinction entre l'homicide coupable et l'homicide non coupable. En l'absence d'une excuse ou d'une justification légales, le fait de causer la mort d'une autre personne constituerait toujours une infraction si son auteur a agi intentionnellement, par insouciance ou par négligence criminelle. Les excuses et les justifications applicables sont définies dans la partie générale.

Deuxièmement, le chapitre portant sur l'homicide ne contiendrait aucune disposition énumérant des devoirs particuliers. Ceux-ci figureraient plutôt dans la partie générale. Ils seraient vraisemblablement analogues à ceux que l'on trouve actuellement dans le *Code criminel*.

Troisièmement, le chapitre traitant de l'homicide ne contiendrait pas non plus de règle particulière régissant la causalité. Une règle générale serait plutôt incluse à cet égard dans la partie générale. Cette règle porterait sur la prévisibilité des facteurs qui interviennent et dont nous avons parlé ci-dessus.

Il n'y a pas lieu de prévoir expressément dans le *Code* que le consentement de la victime n'entre pas en jeu en matière d'homicide.

Suivant nos recommandations, la définition de la mort figurerait dans la *Loi d'interprétation* plutôt que dans le code pénal.

Ainsi, les dispositions relatives à l'homicide pourraient-elles être présentées de la façon qui suit.

Projet de dispositions relatives à l'homicide

Homicide

Définition

1. Pour l'application des dispositions qui suivent, le mot «personne» désigne une personne déjà née.

Définition

2. Dans ce contexte, «née» signifie, pour une personne, être complètement sortie vivante du sein de sa mère.

Homicide intentionnel, premier degré

3. Commet un homicide intentionnel au premier degré quiconque tue une autre personne avec l'intention de tuer une personne autre que lui-même (ou en ayant la quasi-certitude que sa conduite aura ce résultat), et ce faisant, subordonne délibérément la vie de la victime visée à ses propres fins.

Homicide intentionnel, second degré

4. Commet un homicide intentionnel au second degré quiconque tue une autre personne avec l'intention de tuer une personne autre que lui-même (ou en ayant la quasi-certitude que sa conduite aura ce résultat).

Homicide par insouciance

5. Commet un homicide par insouciance quiconque tue une autre personne en exposant sciemment une personne autre que lui-même à un danger de mort à la fois grave et inacceptable pour la société.

Homicide intentionnel, premier degré

6. (1) Quiconque commet un homicide intentionnel au premier degré est passible d'une peine d'emprisonnement d'au moins .... et d'au plus ....

Homicide intentionnel, second degré

(2) Quiconque commet un homicide intentionnel au second degré est passible d'une peine d'emprisonnement d'au plus ....

Homicide par insouciance

(3) Quiconque commet un homicide par insouciance est passible d'une peine d'emprisonnement d'au plus ....

Commentaires

Article 1

Cette disposition apporte à l'homicide une restriction analogue à celle que contient le *Code criminel*, mais de façon plus claire et plus directe.

Article 2

On a donné au mot «née» le sens qu'il avait en common law, sur lequel, du reste, sont fondées les dispositions du paragraphe 206(1) du *Code*.

Articles 3 et 4

Le terme «intention», qui figure actuellement dans le *Code criminel*, a été repris et désigne l'intention directe.

Le terme «quasi-certitude» vise les cas d'intention indirecte; par exemple, A détruit un aéronef en vue, non pas de tuer les personnes se trouvant à bord de celui-ci, mais de frauder une compagnie d'assurance, tout en sachant que son acte entraînera la mort des passagers.

En ce qui concerne l'expression «tuer une personne autre que lui-même», d'une part, la victime visée ne doit pas être l'auteur de l'infraction puisque le suicide ne constitue plus un crime. D'autre part, il n'est pas nécessaire que la victime réelle soit la personne initialement visée. Le libellé de cette disposition reprend le principe du transfert d'intention actuellement énoncé à l'alinéa 212*b*) du *Code*. Par ailleurs, nous sommes d'avis que l'homicide par insouciance devrait être une infraction incluse du meurtre. Toutefois, comme il s'agit là d'une question de procédure qui sera analysée ultérieurement, cette règle n'a pas été incluse dans les dispositions proposées.

Le mot «sciemment» que nous avons utilisé évoque un critère subjectif. L'auteur de l'infraction devait lui-même être conscient de la portée du risque qu'il prenait. Autrement dit, il devait savoir que sa conduite comportait un risque, qu'il s'agissait d'un risque de mort, et qu'il prenait néanmoins ce risque. Cependant, comme il est impossible de lire dans les pensées d'une personne et de mesurer avec certitude la connaissance de celle-ci, le juge des faits pourrait (en l'absence d'aveux de la part de l'auteur de l'infraction) raisonnablement conclure que l'accusé avait connaissance du risque qu'il courait, dans la mesure où une personne moyenne en aurait été consciente dans les mêmes circonstances. Dans l'affirmative, le juge des faits pourrait conclure avec certitude que l'accusé avait la connaissance requise.

Dans ces conditions, quatre situations sont possibles:

(1) L'accusé admet avoir eu connaisance du risque qu'il prenait. Il s'agit manifestement d'insouciance subjective.

(2) L'accusé prétend ne pas avoir eu connaissance du risque et le juge des faits conserve un doute raisonnable à cet égard. Dans ce cas, la Couronne ne s'est pas acquittée de la charge de prouver l'insouciance subjective.

(3) L'accusé prétend ne pas avoir eu connaissance du risque. Toutefois, étant donné qu'une personne moyenne placée dans la même situation en aurait eu connaissance, le juge des faits en vient à la conclusion que l'accusé, lui aussi, en avait connaissance. Dans ce cas, il s'agit d'insouciance subjective déterminée par l'application d'un critère de preuve objectif.

(4) L'accusé prétend ne pas avoir eu connaissance du risque, mais le juge des faits en vient à la conclusion que l'ignorance de l'accusé ne pouvait provenir que du refus délibéré de celui-ci de s'informer. Dans ce cas, l'aveuglement volontaire équivaut à la connaissance (voir le document de travail n° 29, *Partie générale*, article 9, au sujet de l'erreur de fait). Il s'agit ici d'insouciance réputée.

L'expression «danger grave et inacceptable pour la société» fait entrer en jeu trois facteurs: (1) l'utilité pour la société de la conduite comportant le risque, (2) les probabilités relatives à la réalisation du risque, et (3) la gravité du danger lui-même.

Premièrement, deux remarques s'imposent en ce qui a trait à l'utilité pour la société de la conduite en cause. En premier lieu, si la conduite comportant le danger en question peut être visée par une justification prévue dans la partie générale ou dans d'autres dispositions légales, l'accusé était fondé à courir le risque. En second lieu, si la conduite en cause comporte une utilité reconnue par la société, encore une fois, l'accusé était fondé à agir comme il l'a fait.

Il n'y a pas lieu, cependant, d'énumérer dans un code pénal les activités qui ont une utilité pour la société. En premier lieu, les catégories d'activités utiles sur le plan social sont beaucoup trop nombreuses pour pouvoir être détaillées dans la loi; on compte notamment parmi celles-ci les traitements médicaux, les expériences scientifiques, l'industrie de la fabrication, les transports et les sports. En second lieu, la conception de ce qui est acceptable pour la société évolue avec celle-ci et, en conséquence, ne devrait pas être figée dans un code rédigé à une époque donnée.

Deuxièmement, en ce qui a trait aux probabilités de réalisation du risque, plus celles-ci sont grandes, moins le risque est acceptable, et vice versa. Cette question doit bien entendu être déterminée d'après la preuve.

Troisièmement, quant à la gravité du danger lui-même, plus le danger est grand, moins le risque est acceptable, et vice versa. Ainsi, un risque considérable relatif à un mal peu important pourrait-il être aussi inacceptable qu'un risque moins grand relatif à un mal très grave. Inversement, un faible risque relatif à un mal très grave pourrait être tout aussi inacceptable qu'un grand risque relatif à un mal de peu d'importance. Quoi qu'il en soit, il s'agit en l'espèce d'un danger de mort, lequel est manifestement très grave.

Renvois

1. George P. Fletcher, *Rethinking Criminal Law*, Boston, Little, Brown and Co., 1978, p. 341.

2. Pour ce qui est des lois britanniques, voir *The Homicide Act*, 1957, chap. 11, art. 5 à 12; *Abolition of the Death Penalty Act*, 1965, chap. 71, art. 21. Quant aux lois canadiennes, voir: *Loi concernant le droit criminel*, 1953-54, chap. 51, art. 206; *Loi de 1976 modifiant le droit pénal, n° 2*, S.C. 1974-75-76, vol. II, chap. 105, art. 5.

3. Turner, "The Mental Element in Crimes at Common Law" in *Modern Approach to Criminal Law*, L. Radzinowicz & J. W. C. Turner (éd.), 1948.

4. Commission de réforme du droit du Canada, *Partie générale — responsabilité et moyens de défense*, Document de travail n° 29, Ottawa, Ministre des Approvisionnements et Services, 1982, p. 23 à 27.

5. En fait, la plupart des cas d'homicide font entrer en jeu les règles de droit concernant la participation. Cette question fera l'objet d'un document de travail distinct portant sur la participation aux infractions.

6. Ces moyens de défenses ont été examinés dans le document de travail n° 29, *supra*, note 4. Leurs modalités d'application en matière d'homicide sont analysées plus loin, aux p. 79-81 (légitime défense), et aux p. 81-84 (provocation).

7. Voir J. C. Smith et Brian Hogan, *Criminal Law*, 3ᵉ éd., Londres, Butterworths, 1973; Sir William Blackstone, *Commentaries on the Laws of England*, Oxford, Clarendon Press, 1769; Sir James Fitzjames Stephen, *A History of the Criminal Law of England*, 1883, réimprimé, New-York, Burt, 1964, vol. III; J. W. Cecil Turner, *Russel on Crime*, 12ᵉ éd., Londres, Stevens, 1964, vol. I.

8. Pour plus de détails au sujet de l'homicide en common law, voir: Stephen, *supra*, note 7; *Kenny's Outlines of Criminal Law*, 19ᵉ éd.,

par J. W. Cecil Turner, Cambridge, Cambridge University Press, 1966, p. 130-198; Leon Radzinowics, *A History of English Criminal Law from 1750*, Londres, Stevens, 1948, vol. I, 1956, vol. II.

9. Stephen, *id.*, p. 40.

10. *Id.*, p. 40-41.

11. *Id.*, p. 41.

12. *Id.*, p. 44.

13. *Ibid.*

14. *Ibid.*

15. *Id.*, p. 80.

16. Blackstone, *supra*, note 7, vol. IV, p. 190-192.

17. *Id.*, p. 192.

18. Smith et Hogan, *supra*, note 7, p. 245-259.

19. *Acte concernant la loi criminelle* (1892), 55-56 Vict., chap. 29.

20. Stephen, *supra*, note 7, p. 300. Pour Stephen, le code pénal indien correspondait au droit pénal britannique, libéré de tous les détails techniques et superflus, arrangé de façon systématique, et modifié à certains égards (le nombre de ces modifications est étonnamment bas), de façon à s'adapter au contexte des Indes britanniques.

21. Friedland, "R. S. Wright's Model Criminal Code: A Forgotten Chapter in the History of the Criminal Law", (1981) 1 *Oxford Journal of Legal Studies* 307, p. 334, 337 et 338.

À la demande du ministère des Colonies, l'assemblée législative de la Jamaïque adopta sans opposition le code de droit pénal, ainsi que le code de procédure. Le 21 janvier 1879, le ministère des Colonies recevait un télégramme de la Jamaïque anonçant l'adoption des deux codes par le comité. Cependant, ces deux codes n'entrèrent jamais en vigueur en Jamaïque. Il fallait pour cela l'approbation du ministère des Colonies qui commençait à éprouver certains doutes.

Le succès du ministère des Colonies fut plus grand dans d'autres colonies des Antilles. Le code fut mis en vigueur au Honduras britannique et, par la suite, à Tobago. Puis, le juge en chef de Sainte-Lucie prépara pour cette île un code fondé en partie sur celui de Wright, et en partie sur le code des commissaires. Le juge en chef semble avoir tenu pour acquis, sans doute par suite des événements qui avaient eu lieu en Jamaïque, qu'il valait mieux suivre la mère patrie qu'essayer de la devancer. Toutefois, le ministère des Colonies demeura ferme et lord Kimberly expédia une dépêche énonçant ce qui suit: [TRADUCTION] «En conséquence, à moins que vous n'y voyiez d'objection majeure, je vous enjoins de faire procéder à la (rédaction) d'un projet d'ordonnance inspiré du code criminel du Honduras britannique». Sainte-Lucie s'inclina, et lorsque le juge en chef fut par la suite envoyé à la Guyane britannique, le code de Wright y fut également adopté.

Par ailleurs, le code jamaïcain fut adopté sur la Côte-de-l'Or en 1892 mais en fait, nulle part ailleurs en Afrique.

22. Cross, ''The Making of English Criminal Law: Sir James Fitzjames Stephen'', [1978] *Crim. L.R.* 652, p. 657.

23. *Crimes Act*, 1961 (N.-Z.), nᵒ 43, modifié.

24. *Criminal Code Act*, 1899 (Queensland), 63 Vic., nᵒ 9, première annexe.

25. *Criminal Code Act Compilation Act*, 1913 (Australie-Occidentale), appendice B, annexe.

26. *Criminal Code Act*, 1924 (Tasmanie), annexe 1.

27. *Supra*, note 19.

28. Stephen, *supra*, note 7, p. 347.

29. Sir James Fitzjames Stephen, *A Digest of the Criminal Law (Crimes and Punishments)*, Londres, MacMillan, 1877; Stephen écrit ce qui suit:

> [TRADUCTION]
> En 1874, un bill que j'avais rédigé et qui avait pour objet la codification des règles de droit relatives à l'homicide fut introduit devant le Parlement par le greffier de Londres, et fut soumis à une commission d'enquête. On retrouve en annexe

du rapport de la commission une note rédigée par le lord juge en chef d'Angleterre, qui énonce ce qui suit: «Je m'oppose à l'adoption de ce bill, d'abord parce qu'il constitue une tentative de codification partielle et imparfaite».

Bien que je sois tout à fait en faveur de la codification, et que je regrette profondément que le droit britannique doive demeurer dans l'état confus où il se trouve actuellement, étant donné qu'une partie des règles ne sont pas écrites et qu'une autre partie se trouve dans des lois très mal rédigées, ce qui est pire à toutes fins utiles, je suis d'avis que toute tentative de codification partielle ou incomplète ne peut être qu'une source de confusion. C'est pour ces raisons que je m'oppose à l'adoption du présent bill.

Les règles de droit relatives à l'homicide ne forment qu'une partie des règles de droit concernant les infractions contre les personnes, lesquelles ne constituent qu'une partie du droit pénal général.

Bon nombre des principes applicables en matière d'homicide s'appliquent également à l'ensemble du droit criminel. Si ces principes sont introduits dans une codification partielle du droit, ils alourdissent inutilement le texte de loi. En revanche, s'ils n'y figurent pas, il y a lieu de se demander si l'omission est intentionnelle et a pour but d'exclure l'application de ces principes dans la branche ou le domaine en cause. En ce sens, l'omission est d'autant plus lourde de conséquences.

30. *Id.*, p. 83.

31. Stephen, *supra*, note 7, p. 347

32. *Ibid.*

33. À la page 6 du Rapport de la *Commission royale pour la révision du Code Criminel*, Ottawa, Imprimeur de la Reine, 1954, les commissaires ont déclaré ce qui suit:

> Promulgué pour la première fois en 1892 le *Code criminel* s'est fondé en grande partie sur le projet de code préparé en 1878 par la Commission que le gouvernement impérial avait instituée afin de préparer un code de droit pénal anglais et aussi sur le *Digest* de Stephen concernant le droit pénal. Depuis lors, on y a apporté des modifications et des additions à presque toutes les sessions du Parlement.

34. Stuart, *Canadian criminal law*, Toronto, Carswell, 1982, p. 451-452; *Royal Commission on Capital Punishment*, 1949-1953, par. 155-162; *Martin's Criminal Code*, Toronto, Cartwright, 1955, p. 392-394.

35. Stuart, *supra*, note 34, p. 205; *Martin's Criminal Code*, *supra*, note 34, p. 370.

36. *Loi modifiant le Code criminel (Meurtre qualifié)*, S.C. 1960-61, chap. 44, art. 1.

37. *Loi de 1976 modifiant le droit pénal, n° 2*, S.C. 1974-75-76, chap. 105, art. 4 et 5.

38. Dans l'étude préliminaire intitulée *Pour une codification du droit pénal*, Ottawa, Information Canada, 1976, la Commission de réforme du droit du Canada déclarait que le terme «codification» prête à confusion parce qu'il a été utilisé dans des sens différents afin de viser des opérations différentes. En effet, il désigne parfois la compilation et la réorganisation de lois et de règlements disparates. Par contre, il peut aussi désigner un texte de loi fondamental comme cela est le cas dans les pays de droit civil. Au Canada, le *Code criminel*, la première formulation écrite du common law canadien, est un exemple du premier type de codification. La Commission ajoute ce qui suit à la page 51:

> le Code pénal nouveau devra s'efforcer d'être exhaustif relativement aux principes et aux règles d'application générale. Il pourra comporter une partie générale, une partie spéciale, ainsi que les principes fondamentaux de la procédure, de la preuve et du sentencing.
>
> Dans la partie générale devront figurer les principes concernant l'ensemble de la matière pénale ainsi que les règles d'application générale. Dans la partie spéciale, au contraire, apparaîtront les règles d'application particulière, concernant notamment les infractions.
>
> En outre, d'autres règles d'application particulière, obéissant, sauf dérogation expresse décidée par le législateur, aux principes et règles formulés dans la partie générale, continueront à figurer dans des lois particulières et spécialisées.

39. Voir *supra*, note 4, p. 159-160.

40. Turner, *supra*, note 7, p. 426-427.

41. Glanville Williams, *Textbook of Criminal Law*, Londres, Stevens and Sons, 1978. À la page 325, l'auteur remet en question le critère

suivant lequel la mort doit survenir dans un délai d'un an et un jour, et émet l'opinion suivante:

[TRADUCTION]
À l'origine, cette règle avait probablement été établie afin de résoudre les problèmes difficiles que pose la causalité. En effet, à l'époque où la science médicale était encore rudimentaire, on pouvait difficilement établir avec certitude que la mort de la victime était attribuable au coup qui lui avait été porté, si celle-ci avait survécu plus d'un an après le coup. Par ailleurs, cette règle permettait de passer sous silence des questions auxquelles la médecine n'aurait pas su répondre. De nos jours, cette règle n'a que peu d'utilité.

42. Stuart, *supra*, note 34. À la page 228, Stuart mentionne que:

[TRADUCTION]
le législateur doit absolument intervenir afin de rendre les règles de droit relatives à l'homicide plus simples, mieux adaptées et plus praticables. À l'heure actuelle, ces règles sont sans doute les plus confuses, les plus techniques et les plus insatisfaisantes du droit pénal. Les définitions légales sont embrouillées et ont souvent été formulées à la suite de décisions judiciaires contradictoires.

43. Voir *supra*, note 4, p. 3-4, 159-160.

44. Voir par exemple: 1) nuisance publique, art. 176, *Code criminel*, S.R.C. 1970, chap. C-34; 2) causer des lésions corporelles par négligence criminelle, art. 204; 3) faire souffrir inutilement un animal, art. 402.

45. En ce qui concerne l'article 211 du *Code criminel*, S.R.C. 1970, chap. C-34, voir: art. 223, S.C. 1892, chap. 29; art. 255, S.C. 1906; art. 255, S.R.C. 1927; art. 200, S.C. 1953-54, chap. 51; pour ce qui est du paragraphe 205(5), voir: art. 220, S.C. 1892, chap. 29; art. 252, S.C. 1906; art. 252, S.R.C. 1927.

46. Smith et Hogan, *supra*, note 7, p. 214. En ce qui a trait à l'article 209 du *Code criminel*, S.R.C. 1970, chap. C-34, voir: art. 224, S.C. 1892, chap. 29; art. 256, S.C. 1906; art. 256, S.R.C. 1927; art. 199, S.C. 1953-54, chap. 51. Quant à l'article 210, voir art. 222, S.C. 1892, chap. 29; art. 254, S.C. 1906; art. 254, S.C. 1927; art. 198, S.C. 1953-54, chap. 51.

47. Pour une étude plus détaillée, voir: A. W. Mewett et M. Manning, *Criminal Law*, Toronto, Butterworths, 1978, p. 71-77, 451-475;

Smith et Hogan, *supra*, note 7, p. 214-233; Stuart, *supra*, note 34, p. 98-100, 200-206; Turner, *supra*, note 7, p. 399-427; Turner, *supra*, note 8, p. 132-139, 188-194.

48. L'omission qui entraîne la mort peut, suivant le degré de faute, être considérée soit comme un meurtre, soit comme un homicide involontaire coupable. En pratique, il est rare que des accusations de meurtre soient portées, et même si une condamnation pour meurtre est possible en théorie, la plupart du temps, l'accusé est trouvé coupable d'homicide involontaire. La responsabilité pénale suppose un *actus reus* de la part de l'accusé, et ne peut être engagée par la simple inaction. En effet, en droit pénal, tout comme en matière de reponsabilité délictuelle, l'inaction n'a rien d'illicite. Toutefois, cette règle comporte une exception: l'accusé peut être pénalement responsable si son inaction correspond à une omission. Dans ce contexte, on entend par «omission» le défaut d'accomplir ce que la loi exige. Cette exigence peut revêtir trois formes. La loi peut prévoir expressément que le défaut d'accomplir un acte donné constitue une infraction, par exemple, arrêter son véhicule et s'identifier après un accident (*Code criminel*, S.R.C. 1970, chap. C-34, par. 233(2)). Il peut s'agir d'une disposition plus générale, comme celle prévoyant que quiconque entreprend d'accomplir un acte est légalement tenu de l'accomplir si l'omission de le faire peut mettre la vie humaine en danger (*Code criminel*, S.R.C. 1970, chap. C-34, art. 199 et 202). Enfin, une omission condamnable, aussi bien en droit que suivant le simple bon sens, peut être considérée comme une façon de commettre un acte condamnable. Par exemple, dans l'affaire *Fagan* v. *Commissioner of Metropolitan Police*, le défaut d'enlever, à la demande d'un agent de police, un véhicule immobilisé sur le pied de celui-ci, a été considéré comme un acte consistant à laisser la voiture sur le pied du policier, et constituant des voies de fait.

49. Fitzgerald, *Acting and Refraining Analyses*, 1967, vol. 27, p. 133-139.

50. Sous l'influence de Sir James Stephen, le *Code criminel* canadien a sanctionné le principe suivant lequel la responsabilité pénale d'une personne n'est engagée, en raison d'une omission, que si cette personne avait un devoir légal et non seulement un devoir moral d'agir.

Le *Code* actuel ne contient aucune disposition générale portant sur la responsabilité pénale en cas d'omission. Toutefois, le principe susmentionné se retrouve implicitement dans diverses dispositions du *Code* établissant des devoirs. Étant donné qu'en vertu des

dispositions de l'article 8, l'imputation des infractions de common law est interdite, il semble que la responsabilité pénale d'une personne ne puisse être engagée en raison d'une omission que dans deux cas: 1) la définition de l'infraction inclut une omission et 2) la loi ou le common law impose un devoir légal d'agir à la personne: *R. v. Fortin* (1957), 121 C.C.C. 345 (C.A. N-B.); *R. v. Coyne*, 124 C.C.C. 176 (C.A. N-B.).

51. Rapport de la *Commission royale pour la révision du Code criminel*, *supra*, note 33, p. 12.

52. *R. c. Prue et Baril*, [1979] 2 R.C.S. 547, p. 548, 46 C.C.C. (2d) 257.

53. Voir l'article 2 de la *Charte des droits et libertés de la personne*, L.R.Q., chap. C-12, et *R. c. Alain Fortier*, C.S., Longueuil, n° 500-01-00501-805, le 17 novembre 1980.

54. *R. c. Boggs*, [1981] 1 R.C.S. 49.

55. Voir, par exemple, l'article 392 du *Code criminel*, S.R.C. 1970, chap. C-34, où est définie l'infraction consistant à mettre le feu par négligence.

56. Williams, *supra*, note 41, p. 233; Turner, *supra*, note 7, p. 400-412.

57. *R. v. Aldergrove Competition Motorcycle Association and Levy* (1983), 69 C.C.C. (2d) 183.

58. Par exemple, l'infraction consistant à causer des lésions corporelles par négligence criminelle, art. 202, *Code criminel*, S.R.C. 1970, chap. C-34; voir également l'obligation de prendre des précautions raisonnables à l'égard d'explosifs, art. 78.

59. Commission de réforme du droit du Canada, *Euthanasie, aide au suicide et interruption de traitement*, rapport n° 20, Ottawa, Ministère des Approvisionnements et Services, 1983, p. 33.

60. Pour plus de détails, ainsi que des références sur cette question, on se reportera à Mewett et Manning, *supra*, note 47, p. 71-77; Stuart, *supra*, note 34, p. 97-111; Williams, *supra*, note 41, p. 325-348; Williams, "Causation in Homicide", [1957] *Crim. L.R.* 431.

61. Sur le plan de la causalité, l'intervention d'un acteur responsable (*novus actus interveniens*), c'est-à-dire l'intervention d'une personne responsable qui a pleine connaissance de ce qu'elle fait et qui

n'est l'objet d'aucune pression, intimidation ou erreur, aura normalement pour effet d'exonérer l'accusé de la responsabilité d'une conséquence ultérieure.

62.   En Angleterre, les juges ont examiné, à titre de facteur intervenant, le cas du traitement médical impropre. Dans l'affaire *Jordan* (1956), 40 Cr. App. R. 152 (C.C.A.), l'accusé avait été trouvé coupable de meurtre et condamné à mort pour avoir poignardé la victime au cours d'une rixe de cabaret. En appel, la condamnation fut annulée parce que pendant le séjour de la victime à l'hôpital, au moment où les blessures de celle-ci étaient presque guéries, on lui avait administré un antibiotique auquel elle était allergique, ce qui avait entraîné sa mort. Dans ce cas, l'«acte» de l'accusé avait cessé d'être un facteur déterminant, puisque les blessures étaient pour ainsi dire guéries et, par conséquent, ne pouvaient plus être considérées comme la cause de la mort. Par contre, dans l'affaire *Smith*, [1959] 2 Q.B. 35, le tribunal maintint la condamnation pour meurtre parce que la cause originale avait continué de produire ses effets qui n'avaient pas été interrompus par les événements subséquents: l'accusé avait infligé deux blessures à la victime avec une baïonnette; puis, en route vers l'hôpital, on a laissé tomber la victime deux fois et on lui a administré un traitement contre-indiqué.

Si les affaires *Jordan* et *Smith* étaient survenues au Canada, il semble qu'en vertu des dispositions des articles 207 et 208 du *Code criminel*, l'accusé eût, dans les deux cas, été tenu responsable de la mort de la victime.

63.   Toutefois, ce principe pourrait ne pas s'appliquer dans le cas où le facteur secondaire n'interviendrait pas ultérieurement, mais consisterait plutôt dans une circonstance préexistante. Il s'agit notamment du cas typique où A attaque V qui, sans que A le sache, est atteint d'une maladie rendant son crâne très fragile; A se heurte la tête contre le sol en tombant et meurt. Dans un cas semblable, la logique suggère deux solutions possibles: (1) A est responsable de la mort de V puisqu'il doit prendre sa victime avec les caractéristiques de celle-ci; (2) la mort de V n'est pas vraiment imputable à A, mais plutôt à l'état inhabituel et imprévisible de V. Ni la pratique habituelle, ni, selon toute apparence, les règles de droit actuelles n'apportent de solution à ce genre de problème.

De même, le principe pourrait ne pas s'appliquer si l'acte initial rendait possible la réalisation d'un événement imprévu, et que les deux faits contribuent de façon importante à la mort de la victime. Par exemple, après avoir été poignardé à la poitrine par A, V,

grièvement blessé, est transporté de toute urgence à l'hôpital afin d'y recevoir les soins appropriés. L'ambulance dans laquelle se trouve V entre en collision avec un camion, et un morceau de métal se loge dans la poitrine de V. Ce dernier meurt sous le choc, par suite d'une hémorragie. Bien que l'événement intervenant ultérieurement fût imprévisible, on peut soutenir que l'acte initial reste une cause importante de la mort de V.

64. Commission de réforme du droit du Canada, *Les critères de détermination de la mort*, rapport n⁰ 15, Ottawa, Ministre des Approvisionnements et Services, 1979, p. 11-26; voir également *R.* v. *Kitchling and Adams* (1976), 6 W.W.R. 696 (C.A. Man.).

65. Coke, *The Third and Fourth Parts of the Institutes of the Laws of England*, Londres, Garland Publishing, 1979, p. 47.

66. En common law, le suicide était un homicide constituant un *felony*, et on l'appelait souvent ''self-murder''. Le droit fut modifié en 1961 par l'adoption du *Suicide act* qui énonçait ce qui suit: [TRADUCTION] «est abrogée la règle de droit suivant laquelle le fait pour une personne de commettre un suicide est un crime». En conséquence, la tentative de suicide n'est plus un crime. En revanche, l'homicide par consentement, contrairement à l'incitation au suicide, constitue toujours un meurtre.

67. Le crime de tentative de suicide que contenait l'article 225 du *Code criminel* a été aboli par les dispositions de l'article 16 de la *Loi de 1972 modifiant le Code criminel*, S.C. 1972, chap. 13.

68. La règle de droit concernant le «consentement à la mort» est contenue à l'article 14 du *Code criminel*, dont voici la teneur:

> Nul n'a le droit de consentir à ce qu'on lui inflige la mort, et un tel consentement n'atteint pas la responsabilité criminelle d'une personne par qui la mort peut être infligée à celui qui a donné ce consentement.

69. Suivant la définition traditionnelle de l'homicide, la victime devait être *in rerum natura*, être «existante», c'est-à-dire être née; voir Williams, *supra*, note 41, p. 249.

70. Coke, *supra*, note 65, p. 48.

71. Mewett et Manning, *supra*, note 47, p. 452-453.

72. Aux termes de l'article 251 du *Code criminel*, l'infraction ne consiste pas dans le fait de provoquer un avortement, mais bien

dans l'accomplissement d'un acte ou l'emploi d'un moyen, avec l'intention de procurer un avortement. Par conséquent, il importe peu que l'avortement ait lieu ou non: *Larivière* v. *The Queen* (1957), 119 C.C.C. 160 (C.A. Qué.), résumé à [1957] B.R. 165.

73. Dans l'affaire *R.* v. *Marsh* (Cour de comté de Victoria, n° 7, 1979, n° 52/79), le juge Milward a décidé qu'un fœtus à terme en train de naître était une «personne» et que quiconque causait la mort du fœtus par négligence criminelle pouvait être condamné aux termes de l'article 203 du *Code criminel*.

74. Voir *supra*, note 59, p. 17-18.

75. *Code criminel*, S.R.C. 1970, chap. C-34, par. 205(4), art. 212 et 213.

76. *Code criminel*, S.R.C. 1970, chap. C-34, par. 205(4) et art. 217.

77. *Andrews* v. *D.P.P.*, [1937] A.C. 576 (Chambre des lords); *R.* v. *Bateman* (1925), 94 L.J.K.B. 791.

78. *O'Grady* v. *Sparling*, [1960] R.C.S. 804, 33 C.R. 293, 128 C.C.C. 1, 33 W.W.R. 360, 35 D.L.R. (2d) 145.

79. Voir texte, *supra*, p. 6–8.

80. Voir texte, *supra*, p. 7.

81. Turner, *supra*, note 7, p. 471.

82. Stephen, *supra*, note 7, vol. 3, p. 313.

83. Voir *supra*, note 21, p. 46.

84. Stephen, *supra*, note 7, p. 80.

85. Turner, *supra*, note 7, p. 476-477.

86. Voir *supra*, note 4.

87. Voir *supra*, note 79.

88. Hooper, ''Some Anomalies and Developments in the Law of Homicide'', (1967) 3 *U.B.C.L.R.* 60.

89. *Id.*, p. 59-60.

90. *R. c. Vasil*, [1978] 1 R.C.S. 469, 58 C.C.C. 97, 113.

91. *R. v. Tennant and Naccarato* (1975), 23 C.C.C. (2d) 80, 31 C.R.N.S. 1 (C.A. Ont.); *R. v. Quarranta* (1976), 24 C.C.C. 109.

92. Voir *supra*, note 90.

93. Hooper, *supra*, note 88, p. 62.

94. *Id.*, p. 63-64.

95. Voir *supra*, note 90, p. 116-117.

96. Hooper, *supra*, note 88, p. 60.

97. Uglow, "Implied Malice and The Homicide Act 1957", [1983] *Modern Law Review* 164, p. 166.

98. Stuart, *supra*, note 34, p. 214-225; voir l'affaire *Hughes*, [1942] R.C.S. 517, 78 C.C.C. 257.

99. Stephen, *supra*, note 7, p. 83.

100. Hooper, *supra*, note 88, p. 55-78.

101. Stephen, *supra*, note 7, p. 40; voir également *supra*, notes 11 et 13.

102. Stuart, *supra*, note 34, p. 195-198.

103. *Id.*, p. 195-196.

104. Voir *supra*, note 4, art. 9, p. 74.

105. Lanham, "Felony Murder — Ancient and Modern", (1983) 7 *Crim. L.J.* 91.

106. *Id.*, p. 93.

107. *Id.*, p. 94

108. *Id.*, p. 95-96.

109. *Id.*, p. 101.

110. Stuart, *supra*, note 34, p. 222-223.

111. Voir texte *supra*, p. 58 (homicide par insouciance).

112. En toute logique, et afin que la culpabilité dépende uniquement de l'état d'esprit de l'accusé, il y aurait peut-être lieu de créer une infraction consistant à «blesser» et comportant plusieurs degrés selon l'état d'esprit dans lequel la blessure a été infligée.

113. Stuart, *supra*, note 34, p. 223.

114. Voir *supra*, notes 11 et 13.

115. *Supra*, note 90.

116. Glanville Williams, *Criminal Law — The General Part,* 2ᵉ éd., Londres, Stevens and Sons Ltd., 1961, p. 53.

117. Turner, *supra*, note 3, p. 562.

118. *Id.*, p. 582-598.

119. *R.* v. *Larkin*, [1943] C.B. 174.

120. *R.* v. *Church* (1965), 2 All E.R. 72 (C.C.A.).

121. *R.* v. *Bateman*, *supra*, note 77.

122. *Andrews* v. *D.P.P.*, *supra*, note 77.

123. Voir *supra*, note 119.

124. Voir *supra*, note 120.

125. Voir *supra*, note 91; la solution adoptée dans l'affaire *Tennant and Naccarato* a été reprise par la Cour suprême dans l'affaire *R.* c. *Vasil*, *supra*, note 90.

126. *R.* v. *Cole*, 34 O.R. (2d) 416.

127. Voir *R.* v. *Maloney* (1976), 28 C.C.C. (2d) 323; *R.* v. *McNamara* (1980), 12 C.R. (32) 210; *R.* v. *Burkholder* (1977), 34 C.C.C. (2d) 214; *R.* v. *Donovan* (1934), 2 K.B. 498.

128. *Burns*,''An Aspect of Criminal Negligence or How the Minotaur Survived Theseus Who Became Lost in the Labyrinth'', (1970) 48 *R. du B. Can.* 48-65; O'Hearn, ''Criminal Negligence: An Analysis

in Depth'', (164-165) 7 *Crim. L.Q.* 27; Stuart, "The Need to Codify Clear Realistic and Honest Measures of *Mens Rea* and Negligence'', (1973) 13 *Crim. L.Q.* 160-194.

129. Turner, *supra*, note 3; Glanville Williams, *The Mental Element in Crime*, Jerusalem, Magnes Press, 1965, p. 54-60.

130. Fitzgerald, *Oxford Essays in Jurisprudence*, 1ere éd., Oxford, A. G. Guest, 1961, chap. 1; Williams, *supra*, note 41, p. 68-72; White, "Intention, Purpose, Foresight and Desire'', (1976) 92 *L.Q.R.* 569.

131. Smith et Hogan, *supra*, note 7, p. 252-256; Stuart, *supra*, note 34, p. 130-134; Williams, *supra*, note 41, p. 68-72.

132. *R.* v. *Lawrence*, [1981] 1 All. E.R. 974.

133. *R.* v. *Caldwell*, [1981] 1 All. E.R. 961.

134. *Smither* c. *La Reine*, [1978] 1 R.C.S. 506; *Arthurs* v. *The Queen* (1972), 7 C.C.C. (2d) 438; *Leblanc* v. *The Queen* (1976), 29 C.C.C. (2d) 97.

135. MacLeod et Martin, "Offences and Punishments under the New Criminal Code'', (1955) 33 *R. du B. Can.*, 20, p. 29-32; Stuart, *supra*, note 34, p. 130-140; *R.* v. *Bateman*, *supra*, note 77.

136. Pour une étude de cette question, voir Mewett et Manning, *supra*, note 47, p. 100-110; Jacques Fortin et Louise Viau, *Traité de droit pénal général*, Montréal, Thémis, 1982, p. 114-118.

137. *Arthurs* v. *The Queen*, *supra*, note 134, p. 442-447.

138. *Andrews* v. *D.P.P.*, *supra*, note 77, p. 582.

139. Jerome Hall, *General Principles of Criminal Law*, 2e éd., Indianapolis, Bobbs-Merrill, 1960, p. 105-141.

140. En 1981, le nombre total de personnes mortes sur les routes s'élevait à 5 295: Statistique Canada, Division de la santé, *Causes de décès*, no de catalogue 84-203, Ottawa, Ministre des Approvisionnements et Services, 1982. Le nombre total de Canadiens tombés pendant la Seconde Guerre mondiale est de 42 011 (moyenne annuelle: 7 002); Walter S. Woods, *Rehabilitation (A Combined Operation)*, Ministère des Affaires des anciens combattants, Ottawa, Imprimeur de la reine, 1953.

141. *Code criminel*, S.R.C. 1970, chap. C-34, art. 203.

142. Smith et Hogan, *supra*, note 7, p. 456-457.

143. *Loi de 1968-69 modifiant le droit pénal*, S.C. 1968-69, chap. 38, art. 92.

144. *D.P.P.* v. *Majewsky*, [1977] A.C. 443 (Chambre des lords).

145. *R.* c. *Leary*, [1978] 1 R.C.S. 29, 33 C.C.C. (2d) 473.

146. Law Reform Commissioner (Victoria), *Intoxication and Criminal Responsibility*, (Issues Paper), Victoria, South Melbourne, The Alcohol & Drug Foundation, 1983, 6.

147. Nous reviendrons plus loin sur la question de savoir si ce crime devrait comporter des degrés. Voir texte, *infra*, p. 00.

148. Il n'entre pas dans l'intention de la Commission de réforme du droit du Canada d'étudier la peine capitale dans le présent document de travail, puisque celle-ci a été abolie en 1976. Pour plus de détails voir "Royal Commission on Capital Punishment", 1949-1953, *Report*, Londres, HMSO, réimpression 1965, par. 681-698, 790 (58-59); Morrison, "Criminal Homicide and the Death Penalty in Canada: Time for Reassessment and New Directions — Toward a Typology of Homicide", (1973) 15 *Can. J. Crim.* 367-396; Jayewardene, "Life or Death — Society's Reaction to Murder?", (1973) 15 *Can. J. Crim.* 265-273.

149. Signalons toutefois que la haute trahison est aussi punissable de l'emprisonnement à perpétuité: *Code criminel*, S.R.C. 1970, chap. C-34., art. 47.

150. *Loi sur la défense nationale*, S.R.C. 1970, chap. N-4, art. 63 (infractions commises par des commandants au combat), art. 64 (infractions commises par qui que ce soit en présence de l'ennemi), art. 65 (infractions relatives à la sécurité), art. 66 (infractions relatives aux prisonniers de guerre), art. 68 (espions), art. 69 (mutinerie accompagnée de violence), art. 70 (mutinerie sans violence), et art. 95 (infractions relatives aux convois). Toute personne reconnue coupable de l'une des infractions susmentionnées est passible de la peine de mort.

151. Le processus de détermination de la sentence exige que soient soigneusement pris en considération les objectifs de la sentence, qui

peuvent être résumés de la façon suivante: protection de la société, punition, dissuasion, redressement et réadaptation.

Avant de déterminer quelle est la meilleure façon d'atteindre ces objectifs dans une affaire donnée, le tribunal doit examiner les facteurs qui entrent en jeu et les circonstances de l'espèce. Les facteurs les plus importants dont il doit tenir compte sont les suivants: la gravité de l'infraction, l'âge de l'accusé, les antécédents criminels, la sentence habituellement imposée par d'autres tribunaux dans des cas semblables et, enfin, la possibilité que l'accusé commette un autre crime grave au cours de sa sentence s'il n'est pas emprisonné.

Avant de prononcer la sentence, le tribunal peut envisager divers types de punition: la libération absolue ou conditionnelle, la probation, le sursis de sentence, la peine discontinue et l'emprisonnement. Dans certains cas, le tribunal a également le pouvoir discrétionnaire d'imposer une amende au lieu de toute autre peine (*Code criminel*, S.R.C. 1970, chap. C-34, par. 646(1) et (2)).

Si l'accusé est déclaré coupable d'un acte criminel punissable d'un emprisonnement de cinq ans ou moins, pour lequel aucune peine minimale d'emprisonnement n'est prévue, il peut être condamné à une amende en sus ou au lieu de toute autre *punition*. Mais si l'infraction comporte une peine minimale d'emprisonnement, l'amende doit, le cas échéant, être imposée en sus de la peine d'emprisonnement (*Code Criminel*, S.R.C. 1970, chap. C-34, par. 646(1)).

Si l'accusé est déclaré coupable d'un acte criminel punissable d'un emprisonnement de plus de cinq ans, une amende peut lui être imposée en sus, mais non au lieu de toute autre *punition* (*Code criminel*, S.R.C. 1970, chap. C-34, par. 646(2)).

152. *Homicide Act, 1957*, chap. 11, art. 5; *Murder (Abolition of the Death Penalty) Act, 1965*, chap. 71.

153. *Loi modifiant le Code criminel*, S.C. 1967-68, 16-17 Eliz. II, chap. 15.

154. *Loi de 1976 modifiant le droit pénal, n° 2*, S.C. 1974-75-76, vol. 2, chap. 105, art. 4 et 5.

155. *Dans le cas du meurtre au premier degré*, l'accusé est automatiquement condamné à l'emprisonnement à perpétuité, et ne peut bénéficier de la libération conditionnelle qu'après avoir purgé vingt-

120

cinq ans de sa sentence: alinéa 669*a*), *Code criminel*, S.R.C. 1970, chap. C-34.

Dans le cas du meurtre au deuxième degré, le juge doit poser au jury, avant de le libérer, la question que l'on trouve à l'article 670 du *Code*: «Souhaitez-vous formuler, comme vous avez la faculté de le faire, quant au nombre d'années qu'il doit purger avant de pouvoir bénéficier de la libération conditionnelle, une recommandation ...?» Toutefois, la décision finale appartient au juge qui doit, à cette fin, tenir compte (1) du caractère de l'accusé, (2) de la nature de l'infraction, (3) des circonstances entourant la perpétration de celle-ci, et (4) de toute recommandation formulée par le jury: *Code criminel*, S.R.C. 1970, chap. C-34, art. 671.

L'accusé doit être condamné à l'emprisonnement à perpétuité et ne peut bénéficier de la libération conditionnelle avant d'avoir purgé au moins dix ans de sa sentence, le juge ayant le pouvoir discrétionnaire d'augmenter ce délai jusqu'à un maximum de vingt-cinq ans: *Code criminel*, S.R.C. 1970, chap. C-34, alinéa 669*b*).

Dans le cas où *a*) il aurait été condamné pour meurtre au premier degré, ou *b*) il aurait été condamné pour meurtre au deuxième degré et le délai préalable à la libération conditionnelle aurait été fixé à quinze ans ou plus, l'accusé peut, après avoir purgé quinze ans de sa peine, présenter une demande de révision afin que le tribunal détermine si le nombre d'années qu'il doit purger avant de pouvoir bénéficier de la libération conditionnelle devrait être réduit.

156. Voir texte, *supra*, p. 61-63.

157. Voir texte, *supra*, p. 60-63.

158. Voir *supra*, note 4, art. 3, p. 26-27.

159. Voir Smith et Hogan, *supra*, note 7, p. 205.

160. *Code criminel*, S.R.C. 1970, chap. C-34, al. 669*b*).

161. *Report of the Royal Commission on Capital Punishment, 1949-1953*, *supra*, note 148.

162. Fortin et Viau, *Traité de droit pénal général*, *supra*, note 136, p. 262-264; Stuart, *supra*, note 34, p. 447-451; Gold, ''Manslaughter and Excessive Self-Defence'', (1975) 28 *C.R.N.S.* 265.

163. Smith et Hogan, *supra*, note 7, p. 330.

164. *Brisson* c. *La Reine*, [1982] 2 R.C.S. 227, (1982) 29 C.R. (3d) 289, p. 341, 69 C.C.C. (2d) 97.

165. Voir *supra*, note 4, p. 101-102.

166. *R.* v. *Howes* (1958), 100 C.L.R. 448 (H.C., Australie); *Viro* v. *R.* (1978), 52 A.L.J. 416, 18 A.L.R. 257 (H.C.).

167. Fletcher, *supra*, note 1, p. 857-875.

168. *Brisson* c. *La Reine*, *supra*, note 164.

169. Voir *supra*, note 4, p. 103.

170. Pour plus de détails, voir: Bayne, ''Automatism and Provocation in Canadian Case Law'', (1975) 31 *C.R.N.S.*, 257; Bennum, ''Provocation — The New Law'', (1978) 41 *M.L.R.* 722; Berger, ''Provocation and the Involuntary Act'', (1967) 12 *McGill L.J.* 303; Fortin et Viau, *supra*, note 136, p. 312-317; Marc E. Schiffer, *Mental Disorder and the Criminal Trial Process*, Toronto, Butterworths, 1978, p. 171-177; Smith et Hogan, *supra*, note 7, p. 235-245; Stuart, *supra*, note 34, p. 434-445; Williams, *supra*, note 41, p. 47-53.

171. Suivant le common law, le meurtre peut être réduit à un homicide involontaire coupable en raison de la provocation, à condition que l'accusé ait subi une provocation de nature à lui faire perdre le contrôle de lui-même: voir *R.* v. *Hayward* (1833), 6 C.P. 157. Dans le cas de crimes moins graves, la provocation ne modifie pas la nature de l'infraction mais peut être prise en considération dans la détermination de la sentence: voir *Regina* v. *Cummingham*, [1959] 1 Q.B. 288.

172. Au Canada, les modalités d'application du moyen de défense fondé sur la provocation, dans le cas d'une accusation de meurtre, sont régies par les paragraphes 215(1), (2) et (3) du *Code criminel*, S.R.C. 1970, chap. C-34. Dans l'affaire *R.* v. *Campbell* (1978), 38 C.C.C. (2d) 6, la Cour d'appel de l'Ontario a confirmé que ce moyen de défense ne pouvait être allégué que dans le cas du meurtre. Au nom de la Cour, M. le juge Martin a décidé qu'une accusation de tentative de meurtre ne pouvait être réduite à une accusation de tentative d'homicide involontaire coupable en raison de la provocation. Dans *R.* v. *Doucette, Dongen and McNutt* (1961), 129 C.C.C. 102, la Cour d'appel de l'Ontario a jugé que la provocation ne pouvait pas constituer un moyen de défense à l'encontre d'une accusation de voies de fait, bien qu'elle puisse être

prise en considération à titre de circonstance atténuante, et avoir un effet sur la sentence ou la peine infligée.

Pour pouvoir servir d'excuse partielle, la provocation doit être visée par la définition précise de l'article 215, c'est-à-dire être de nature à priver temporairement une personne moyenne du pouvoir de se maîtriser: voir *Parnerkar* v. *The Queen* (1973), 21 C.R.N.S. 129 (C.S.C.); *The Queen* v. *Faid* (1983), 33 C.R. (3d) 1.

173. Dans son document de travail n° 29, *supra*, note 4, la Commission de réforme du droit du Canada a reconnu que le droit à la légitime défense devait pouvoir être exercé à l'encontre d'une arrestation illégale exécutée délibérément, puisqu'il s'agit de voies de fait pures et simples.

174. Dans l'affaire *Bedder* v. *D.P.P.*, [1954] 2 All. E.R. 801, on a jugé que le critère applicable consistait à déterminer l'effet qu'aurait eu la prétendue provocation sur l'esprit d'une personne raisonnable. Pour l'application de ce critère, la personne raisonnable qui correspond à la norme ne présente pas nécessairement les caractéristiques physiques de l'accusé. Dans un article intitulé "Provocation and the Reasonable Man", [1954] *Crim. L.R.* 740, à la p. 750, Williams a déclaré qu'il était [TRADUCTION] «difficile de voir comment ce critère, pour peu qu'il soit compris et appliqué de façon intelligente, pouvait donner lieu à un acquittement de meurtre». Cependant, dans l'affaire *D.P.P.* v. *Camplin*, [1978] 2 All. E.R. 168, la Chambre des lords a déclaré qu'elle n'était pas liée par le principe établi dans l'affaire *Bedder*. Aux termes de l'article 3 du *Homicide Act of 1957* (5 & 6 Eliz. II, chap. 11), des mots peuvent constituer une preuve de provocation, et cette disposition semble avoir été le facteur déterminant de cette décision.

175. *R*. v. *Wright*, [1969] R.C.S. 335, 3 C.C.C. 258.

176. *R*. v. *Campbell* (1977), 38 C.C.C. (2d) 6; la Cour a jugé que dans certains cas, la conduite de la victime constituant de la provocation suscitait chez l'accusé de l'agitation, de la colère ou une perturbation, de sorte que celui-ci ne pouvait plus apprécier les conséquences de ses actes et pouvait, de fait, ne pas vouloir ces conséquences. Dans de tels cas, la provocation ne constitue pas vraiment un moyen de défense. En revanche, la conduite de la victime devient un élément de preuve important relativement à la question de l'intention de l'accusé.

177. Pour une étude plus approfondie de ce sujet, voir: *Martin's*

Criminal Code, supra, note 34, p. 392-394; "Royal Commission on Capital Punishment", 1949-1953, *Report*, Londres, HMSO, 1953, par. 155-62; Stuart, *supra*, note 34, p. 451; Nigel Walker, *Crime and Insanity in England*, vol 1, "The Historical Perspective", Edinburgh, University Press, 1968, p. 125-137; Glanville Williams, *The Sanctity of Life and the Criminal Law*, Londres, Faber and Faber, 1958, p. 25-42.

178. *Code criminel*, S.R.C. 1970, chap. C-34, art. 220.

179. *The Infanticide Act*, 1938 (R.-U.), par. 1(1):

> [TRADUCTION]
> Lorsqu'une femme, au moyen d'un acte ou d'une omission volontaire, cause la mort de son enfant âgé de moins de douze mois, mais qu'au moment de l'acte ou de l'omission, l'équilibre de son esprit était perturbé parce qu'elle n'était pas complètement rétablie d'avoir donné naissance à l'enfant, ou par suite de la lactation consécutive à la naissance de l'enfant, bien que, n'eût été la présente loi, l'infraction eût constitué un meurtre, l'accusée est coupable [d'une infraction], à savoir l'infanticide, et elle doit être traitée et punie comme si elle était coupable d'homicide involontaire coupable sur la personne de l'enfant.

180. Walker, *supra*, note 177, p. 125; Williams, *supra*, note 41, p. 39; Smith et Hogan, *supra*, note 7, p. 338-339; Stuart, *supra*, note 34, p. 452.

181. Mewett et Manning, *supra*, note 47, p. 465-466.

182. *R. v. Marchello*, [1951] O.W.N. 316, p. 319; *Martin's Criminal Code, supra*, note 34, p. 394.

183. Walker, *supra*, note 177, p. 125.

184. Voir *supra*, note 180.

185. Smith et Hogan, *supra*, note 7, p. 338.

186. Les tribunaux ont permis que des accusations de meurtre soient réduites à des accusations d'homicide involontaire coupable, en raison d'une maladie mentale ou de troubles mentaux qui, bien qu'ils ne constituent pas de l'aliénation, avaient pour effet de neutraliser l'intention de tuer; voir: *R. v. Blackmore* (1967), 1 C.R.N.S. 286 (C.A. N.-É.); *R. v. Mulligan* (1974), 18 C.C.C. (2d)

270 (C.A. Ont.), confirmé par [1977] 1 R.C.S. 612; *R.* v. *Hilton*, (1977) 34 C.C.C. (2d) 206 (C.A. Ont.); *R.* c. *Meloche*, [1975] C.A. 558 (Qué.). Plus récemment, les tribunaux ont admis que toute intention spécifique prévue par la définition d'une infraction pouvait être neutralisée par l'aliénation; voir: *MacDonald* c. *La Reine*, [1977] 2 R.C.S. 665; *Rabeay* c. *La Reine*, [1980] 2 R.C.S. 513, confirmant (1977) 37 C.C.C. (2d) 461 (C.A. Ont.).

187. Pour une analyse de cette tendance jurisprudentielle, voir Stuart, *supra*, note 34, p. 337-342.

188. Ces statistiques sont tirées de deux publications de Statistique Canada, *Statistique de la criminalité et de l'application des règlements de la circulation* (n° de catalogue 85-205) et *Statistiques de l'homicide* (n° de catalogue 85-209).

189. *Code criminel*, S.R.C. 1970, chap. C-34, art. 197.

190. *Select Committee of the House of Commons 1874*, (315) IX-47 1 p.r.

191. *R.* c. *Farrant*, [1983] 1 R.C.S. 124, (1983), 4 C.C.C. (3d) 354.

192. En 1961, le meurtre qualifié a été défini au moyen de l'expression «projeté et commis de propos délibéré», à laquelle la Cour suprême du Canada a donné un sens restrictif dans l'affaire *More* v. *R.*, [1963] R.C.S. 522. Rendant jugement au nom de la majorité, M. le juge Cartwright a décidé que cette expression était constituée de deux éléments distincts. Chacun de ces éléments devait être établi et exigeait la preuve de la préméditation. L'expression «commis de propos délibéré» signifiait «réfléchi, non impulsif». Lorsqu'il s'est agi d'interpréter l'expression «commis avec préméditation» dans le cas du meurtre au premier degré, les tribunaux canadiens se sont contentés d'appliquer la règle établie par la majorité de la Cour suprême dans l'affaire *More*; voir: *R.* v. *Smith* (1980), 51 C.C.C. 381; *Charest* c. *Beaudoin*, [1980] C.S. 91, (1981) 18 C.R. (3d) 58.

Quant au terme «projeté», M. le juge Gale l'a défini de la façon suivante dans l'affaire *Widdifield*, (1963-64) 6 C.L.Q. 152: [TRADUC-TION] «Je pense qu'il y a lieu de donner au mot «projeté» que l'on trouve dans le *Code*, le sens qu'il a habituellement, c'est-à-dire celui d'un plan calculé et soigneusement élaboré, et dont la nature et les conséquences ont été considérées et pesées. Cependant, cela ne signifie pas qu'il doit s'agir d'un projet complexe. En effet, il peut s'agir d'un projet très simple, et de fait, plus le projet est

simple, et plus il est facile à formuler». Cette définition a été approuvée dans l'affaire *R.* v. *Reynolds* (1979), 44 C.C.C. (2d) 129.

193. Voir Perkins, ''The Law of Homicide'', (1945-46) 36 *J. of Crim. L., Crim. and Police Science* 391, p. 398; cet auteur américain déplore, non sans quelque amertume, que certains tribunaux aient substitué à l'ancienne caractéristique du meurtre, la préméditation, une simple exigence suivant laquelle le meurtrier ne doit pas avoir réfléchi seulement après coup.

194. *The Queen* v. *Mitchell*, [1964] R.C.S. 471, p. 474. En l'espèce, l'intimé avait été trouvé coupable de meurtre qualifié sur la personne de son frère, et on avait prouvé que le jour du meurtre, les deux frères avaient bu et s'étaient disputés à propos d'une fille.

La question en litige consistait à déterminer si le juge de première instance avait commis une erreur en ne signalant pas au jury que le caractère délibéré pouvait avoir été neutralisé par la provocation et l'ivresse. La Cour a suivi les arrêts qu'elle avait rendus dans les affaires *More* v. *The Queen*, [1963] R.C.S. 522, et *McMartin* v. *The Queen*, [1964] R.C.S. 484, et voici un extrait du jugement rendu en l'espèce:

> [TRADUCTION]
> Selon moi, le principe découlant du dispositif de ces deux jugements énonce que lorsqu'il s'agit de déterminer si l'accusé a commis un meurtre qualifié, dans la mesure où celui-ci a été «projeté et commis de propos délibéré par cette personne», le juge devrait dire au jury de tenir compte de toutes les circonstances, y compris non seulement la preuve des actes de l'accusé, mais aussi la preuve de son état physique et de son état d'esprit, eu égard aux insultes et aux actes de provocation réels ou imaginés provenant de la victime, ainsi qu'à la consommation d'alcool de l'accusé. En effet, il s'agit manifestement d'une question de fait. Avant de condamner l'accusé pour meurtre qualifié aux termes de la disposition applicable, l'alinéa 202A(2)*a*), le jury doit trancher hors de tout doute raisonnable les questions suivantes: le meurtre commis a-t-il été projeté? A-t-il été commis de propos délibéré? Si je scinde ainsi la question à laquelle le jury doit répondre, c'est que je suis tout à fait d'accord avec l'affirmation qu'a faite le juge d'appel Whittaker: «Il est possible d'imaginer un meurtre qui aurait été projeté dans une certaine mesure et qui, pourtant, n'aurait pas été commis de propos délibéré». Par conséquent, il convient d'examiner soigneusement les directives données au jury par le juge de première instance, afin de déterminer si celles-ci étaient satisfaisantes, eu égard à la question de savoir si le meurtre a été projeté et commis de propos délibéré.

Avec respect, je tiens à souligner d'emblée qu'en ce qui a trait à la provocation, selon l'article 203, et aux effets de l'état d'ivresse en matière de meurtre, suivant la doctrine établie dans l'affaire *Director of Public Prosecutions* v. *Beard*, les directives données en l'espèce étaient irréprochables. Toutefois, selon moi, cela ne suffit pas. Le juge aurait dû donner des directives au jury à ce sujet lorsqu'il traitait du meurtre aux termes de l'article 201, sans égard à la distinction entre le meurtre qualifié et le meurtre non qualifié. Par la suite, en indiquant clairement au jury qu'il abordait la question importante de l'élément additionnel que comporte le meurtre qualifié aux termes de l'alinéa 202A(2)*a*), le juge de première instance aurait dû attirer l'attention du jury sur tous les éléments de preuve pertinents, afin que celui-ci puisse déterminer si le meurtre avait été projeté et commis de propos délibéré, et partant, s'il constituait un meurtre qualifié.

Finalement, la Cour a rejeté l'appel.

195. *Code criminel*, S.R.C. 1970, chap. C-34, par. 214(5); voici la teneur de cette disposition:

> Indépendamment de toute préméditation, commet un meurtre au premier degré quiconque cause la mort d'une personne en commettant ou tentant de commettre une infraction prévue à l'un des articles suivants:
>
> *a*)article 76.1 (détournement d'aéronef);
>
> *b*)article 246.1 (agression sexuelle);
>
> *c*)article 246.2 (agression sexuelle armée, menaces à une tierce personne ou infliction de lésions corporelles);
>
> *d*)article 246.3 (agression sexuelle grave); ou
>
> *e*)article 247 (enlèvement et séquestration).

196. Voici un passage de l'article 213 du *Code criminel*, S.R.C. 1970, chap. C-34:

> L'homicide coupable est un meurtre lorsqu'une personne cause la mort d'un être humain pendant qu'elle commet ou tente de commettre une haute trahison, une trahison ou une infraction mentionnée aux articles 52 (sabotage), 76 (actes de piraterie), 76.1 (détournement d'aéronef), 132 ou au paragraphe 133(1) ou aux articles 134 à 136 (évasion ou délivrance d'une garde légale), 246 (voies de fait sur un agent de la paix), 246.1 (agression sexuelle), 246.2 (agression sexuelle armée, menaces à une tierce personne ou infliction de lésions corporelles), 246.3 (agression sexuelle grave), 247 (enlèvement et séquestra-

tion), 302 (vol qualifié), 306 (introduction par effraction) ou 389 ou 390 (crime d'incendie), qu'elle ait ou non l'intention de causer la mort d'un être humain et qu'elle sache ou non qu'il en résultera vraisemblablement la mort d'un être humain ...

197. Voir *supra*, note 191.

198. Commission de réforme du droit du Canada, *Le jury*, rapport n° 16, Ottawa, Ministre des Approvisionnements et Services, 1982. Au paragraphe 26(1) des dispositions proposées, lequel porte sur l'exposé du juge au jury, la Commission propose ce qui suit:

> Dans son exposé sur le droit, le juge avise le jury que, dans l'éventualité d'un verdict de culpabilité, le jury n'a pas le privilège de faire des recommandations relatives soit à la clémence, soit à la sévérité de la sentence.

L'adoption de cette recommandation entraînerait l'abrogation de l'article 670 du *Code criminel*, suivant lequel lorsqu'un accusé est déclaré coupable de meurtre au deuxième degré, le juge doit, avant de libérer les jurés, les inviter à formuler une recommandation au sujet du nombre d'années que l'accusé doit purger avant de pouvoir bénéficier de la libération conditionnelle. On trouve en outre ce qui suit à la page 72 du rapport:

> Les raisons de ces modifications sont nombreuses. Première-ment, le rôle fondamental du jury est de rendre un verdict de culpabilité ou d'acquittement à la lumière de la preuve présentée au procès. Il ne consiste pas à déterminer la sentence appropriée en cas de condamnation. En conséquence, ce serait confondre les rôles respectifs du jury et du juge de première instance que de permettre au jury de faire des recommanda-tions relativement à la clémence ou à la sévérité de la sentence puisque c'est au juge qu'il appartient de prononcer la sentence lorsqu'un accusé est déclaré coupable. Deuxièmement, la Commission est d'avis que la possibilité de recommander la clémence pourrait éventuellement compromettre l'intégrité du verdict. En effet, sous la promesse d'une telle recommanda-tion, un juré tenace pourrait, de façon détournée mais efficace, être amené à se rallier à la majorité. L'éventualité d'une recommandation que le juge n'est aucunement tenu d'entériner ne saurait entrer en ligne de compte dans la détermination de l'innocence ou de la culpabilité de l'accusé. Troisièmement, comme les jurés ne connaissent généralement que les faits de la cause, ils ne sont pas au courant de certains facteurs qui peuvent être décisifs lorsqu'il s'agit de déterminer la sentence

(par exemple, l'existence d'un casier judiciaire, la réputation au sein de la collectivité, le passé et le milieu de l'accusé).

199. Voir *supra*, note 145.